永劫に飛ぶ！

在野の天才哲学者
野村隈畔

武川和之
MUKAWA Kazuyuki

文芸社

目次

序　章　逆巻く憤怒のカオス ―― 7

断罪された「大逆事件」 8／大量処刑の悲劇 14

〝闘う哲人〟へと思想変革 21／変質する日本社会主義 30

民衆への「社会的同情心」 36／揺れる天皇論争 39

第一章　百姓の子に生まれて ―― 47

三百年続く野村一族 48／父は自然主義、子は理想主義 55

人生は「不可解」と投身 62／日露開戦か、非戦か 71

哲学で飯は食えぬ 75

第二章　実を結ぶ独学の結晶 ―― 79

学問一筋の東京生活 80／「食うための労働」拒否 84

ユニテリアン協会の人脈 89／『六合雑誌』に執筆 95

第三章　新しい思想誌『第三帝国』　99
激動の「大正」が幕開け　100／古き神は死んだ　107
白熱する創刊の息吹　113／反響呼ぶ執筆陣　118
大流行する「ベルグソン哲学」　126／初刊『ベルグソンと現代思潮』　132

第四章　覚醒する求道の行者　137
沈黙の「潜在帝国」　138／政治化する『第三帝国』　144
〝腰弁当〟の哲学者　152／剣かコーランか　156
来日のタゴールに失望　162／会得した「自我」の確信　165

第五章　自我の哲学「三部作」完結　171
「萩の家」の御亭主　172／主婦達の「米騒動」勃発　176
幻想小説『未知の國へ』　180／伝説の温泉・高湯に旅　185
自我批判の哲学を確立　190

第六章　権力の国より自由の国へ　195
幻に終わった「学位」　196／言論弾圧の「森戸事件」　201

反権力に立ち上がる文化人　206／筆禍となった国家批判の論文　212
自我論の民本主義　215／「禁錮二カ月」の判決　221

第七章　牢獄に束縛されても、心は自由　229
市谷の刑務所に入獄　230／独居房が我が全宇宙　234／獄舎で森戸と会う　239
真実の叫びに涙　245／晩秋の朝、出獄　248

第八章　迫害は自我の「突破」　253
心血注いだ「獄中の哲学」　254／日本哲学の概論を完成　262
「哲人逝く」と自殺未遂　267／哲学は「憂愁の子」　272

第九章　「永劫の彼岸」へ旅立ち　279
東京、地方で哲学講演　280／梅子と運命の出会い　285
燃え上がる恋慕の情　291／「永遠のあそこへ！」最期の覚悟　299

第一〇章　「死は我が革命！」の情念　307
津田沼海岸で遺体発見　308／メディア賑わす恋愛事件　313

「血と死」の死生観　319／在野の天才的哲学者　327
解説にかえて　332
野村隈畔略年譜　344
隈畔の系譜略図　354
主な参考文献　356

序　章　逆巻く憤怒のカオス

断罪された「大逆事件」

見上げるばかりの赤煉瓦の塀。乾いた北風が壁面を走り抜ける。その延々と続く獄舎の囲いがいかにも平然と街を見下ろしている。

新宿区市谷の東京監獄。第四監第一二号室の、わずか三畳の独房に沈黙の闇が迫る。黒々とした夜空を切り取った小さな窓。鉄格子の隙間に輝く月が見える。永遠の彼方から届く透き通った月光。その白い光が薄暗い牢獄をほのかに照らす。

大正九年初秋。

ひんやりと冷たい床に正座する一人の哲学者。獄衣に身を包み、腕を組みながら端座し静かに瞑想に耽る。まるで石像のように、動く気配はない。

「自由の子」と自ら任ずる野村隈畔《のむらわいはん》である。義憤に駆られ、国家批判の論文「権力の国より自由の国へ」を『内外時論』三月号に発表。国家を冒瀆していると「新聞紙法違反」に問われた。雑誌は発売禁止。この九月二四日に禁錮刑で投獄された。

　起訴の直後に発刊した『未知の國へ』（日本評論社）に自ら綴った一編の詩を思い起こす。

汝、永劫なる自由の子よ！
汝の師子吼の時、戦いの時は来た
一歩も退転してはならぬ
偉大なるものよ！　邁進せよ！
自由と愛のために永《とこしえ》に戦え！

余の最も愛する人々よ！

汝等の囚われたる虚偽の生活を止めよ！

伝統と習慣と暴力から、脱却せよ！

迷妄と観念と、一切の対立を超越せよ！


　隈畔は「はしがき」に、こう記している。

「自分は学者ではない。詩人ではない。芸術家でもない。又、預言者でもない。しかし、自分はあくまで自分である。自分という人間であり、自分という純粋の意欲である。この純粋の自分は絶えざる燃焼である。絶えざる飛躍である。絶えざる戦いである。そして永《とこしえ》に自由である」

その自由を剝奪され、今、不自由の鉄鎖に繋がれている。

この同じ東京監獄で、無残に処刑された人々のことがしきりと脳裏に浮かぶ。

実であれ不実であれ、紛れもなくこの獄で多くの命が奪われた。蘇る一〇年前の事件。あの時の衝撃が、自分を〝闘う哲人〟に変えた、と隈畔は回顧する。

入獄して三日目の夜。瞑想と共に時間がしんしんと音もなく流れていった。

絶対自由の「自我の哲学」。その永遠の世界へと隈畔を誘う発端となった天皇暗殺の「大逆事件」。それは、大量処刑の断罪が下るという前代未聞の悲劇の結末となった。

明治四四年、松の内が過ぎた一月一八日、公判で最終判決が確定。獄舎には大逆罪に問われた死刑囚達が収容されている。新年の華やいだ雰囲気は、そこにはない。

そのわずか六日後の二四日に突然、幸徳秋水等一一名の死刑が執行された。その日は、朝から凍てつく小雪混じりの寒風が吹いた。ひゅるひゅると風のうなり声が鳴った。

翌日の午前八時二八分。残りの、ただ一人の女囚・管野須賀子も絞首刑に付される。

冬の真っ盛り。日が落ちるのは早い。

夕暮れの闇が迫る二五日の夕刻、正門北側の塀の前に人々が集まり、前日に処刑された遺体の引き渡しを待つ。

絣の着物に、どてら姿の者。紋付の羽織をまとう者。洋服姿の者。皆、外套やマントの襟を立て冷たい風に身を震わせている。午後六時。不浄門の厚い扉が開く。次々と遺体が運び出され、身内の者達の引き取りが始まった。

最初に、社会主義者で熊野・新宮の町医者・大石誠之助の遺体が搬出される。台に載せた棺桶の前で、姉の井出むつが声を殺して泣く。木綿の白布で人夫が棺をくるくると巻く。慣れたもので手際がいい。

「そう手荒に扱うな。もっと丁寧にやれ！」

怒鳴り声が飛ぶ。無実にもかかわらず断罪された怒りが遺族達の胸を突き上げる。

「骨は精神の骨に非ず。もはや死んだ者に神経はない。少々動かしても構わん！」

すかさず兄の玉置酉久が怒号を制止する。あくまで冷静だ。

箱根・林泉寺の住職・内山愚堂。自由民権運動の闘士・奥宮健之。次々と遺体が引き渡された後、事件の中心者と見なされた社会主義の思想家・幸徳秋水の棺が門外に姿を見せる。

堺利彦、大杉栄、石川三四郎等、無政府主義者の同志達が周りを取り囲む。

「幸徳！　幸徳！」

静かに目を閉じる眠れる獅子。それを呼び覚ますかのように遺体に向かって叫ぶ。日本社会主義の巨頭が世を去った。その喪失感に包まれ、一同は脱帽して黙禱を捧げる。

棺を載せた荷車が動き、その後を近親者達が人力車で追う。葬列は落合の火葬場へと向かった。

一団は、当局にとって皆がいわば危険分子の面々。「人数が多すぎる」と報復の暴動を警戒。新宿署から巡査一五人が派遣される。角々の要所に配置。厳重警戒の態勢が敷かれる。

それぞれが荼毘に付されようとする中、内山愚堂の弟・正次が窯の前に立ちふさがる。

「ちょっと待ちたまえ！　最後に一目顔を見たい。蓋を開けろ！　この棺の中の仏は、兄に間違いないか！　死んだ者にもう罪はないんだ」

鬼気迫る勢いで人夫から金槌を取り上げ、いきなり上蓋を砕く。愚堂の死に顔が現れる。三分刈りの頭髪。閉じた両眼。固く結ばれた唇。生前、曹洞宗僧侶として世を憂い社会主義に傾倒した。「無政府共産・入獄記念」を秘密出版。果敢に警世の言を放った。その往年の猛々しさは消え、静寂の安らぎされ感じさせる。

「ああ、兄貴だ！　間違いない。苦しまずに往生している。立派な死に顔だ」

蓋は再び閉じられ、棺車は窯の中へと動く。ゴロゴロとわだちの音が場内に甲高く響き渡る。火入れが開始。四人の遺体は次々と炎に包まれ、白煙が夜の闇に立ち昇る。

降っていた俄か雪もやみ、夜空に幾筋かの星が流れる。

「彼等は、まさに天に昇った！」――。皆が煙突を見上げつつ感慨に耽る。

東京朝日新聞が書いている。

「空には、飛ぶ流星の光物凄く、地には、事々しい提灯の燈火　右往左往」（二六日付）

この同じ日、「大阪平民新聞」の発行者・森近運平と東京滝野川の園芸場園丁・古河力作の遺体は、東京帝国大学医科の解剖室へと運び込まれる。大学側がその引き取りを拒否。

真理よりも権力におもねる大学にまで排除された。死んでなお、悲運が重なる。

幸徳の内縁の妻・管野須賀子。信州長野の機械工・宮下太吉。平民社の新村忠雄。熊野の薬種業・成石平四郎。「熊本評論」の中心者・松尾卯一太。記者・新美卯一郎。これら残りの六人も翌二六日、荼毘に付され、灰となって消えた。

大量処刑の悲劇

「号外！　号外！　号外だよ！」

死刑のあったその日、夕暮れの街に号外売りのけたたましい鐘の音が鳴り響く。

原書を求め、神田神保町の古書店を巡っていた一人の哲学青年。いかにも書生風で、羽織袴に襟巻を引っかけただけの若者だ。短髪で痩身。面長の顔には眼光が鋭く光る。この二八歳の野村隈畔もまた人生に悩む煩悶の只中にあった。

冷たい風が吹く外に出て、思わず首の襟巻を立てる。雑踏の中で号外の一枚を手にし衝撃を受ける。

目に飛び込んできたのは「逆徒死刑執行！」の文字。中に、幸徳秋水の名がある。

「幸徳は、かつて我が同志であった」と、自分の恩師・岸本能武太から聞いた。社会宗教学者の岸本が日本で初めて立ち上げた社会主義研究会に幸徳も参画した、という。世を憂え、熱情を込めて語る幸徳の弁舌に、隈畔も心に響くものを感じたものである。

その一人の革命思想家が処刑された。

「一体、何があったのか。真実は何か」

隈畔は、一枚の号外にくぎ付けとなり、路上でただ黙するしかない。

数ある罪人の中に「新村善兵衛」という名も見つける。

隈畔の本名は「野村善兵衛」。名が同じ。姓は一字違いである。当然何の関係もないが、なぜか気にかかる。

かの「善兵衛」は長野県屋代町で農業を営む。隈畔と同じく平民百姓で、三つ年上の三〇歳。年齢も境遇も近い。他人ごとではない、と感じる。大逆罪に問われた者は、農民や職工、雑貨商、事務員等、そのほとんどが平民であった。

普通の庶民に対する権力の弾圧。それが事実上、厳然と存在する。得体の知れない漠然とした不安が霧のように隈畔の心に広がる。

一〇年後、その不安が的中。新聞紙法違反の筆禍事件で自らも東京監獄に入獄することになる。この時、そのことを本人はまだ知る由もない。

福島県半田村の没落した農家に生を受け、高等小学校を卒業した。貧困の故に中学校にも行けず、百姓をしながら独学。学問の志も固く村を出奔し東京に出た。生活の困窮と戦いながら哲学の研究に没頭。先の見えない不安と煩悶の日々を送る。その貧しい境遇に悲運を感じつつ何を恨めばよいかも分からない。

学問への情熱は燃えるばかりではあったが、都会の生活は、そう甘いものではない。経済的な困窮の悩みは深まる一方。蓄えで何とかなると思っていた学費も底を突き始めた。生活苦が重くのしかかる。

哲学を学ぶといっても、日々に学べる教師が居るわけではない。学歴といえば小学校卒。正式な大学の門戸は最初から閉ざされている。哲学を習得しても生かす場所もない。もちろん収入の目途は立たない。文字通りの八方塞がり。それが次第に現実となる。

「学問で飯は食えないぞ！」。かつてそう叱責された田舎の叔父の言葉がズキンと胸を突く。


後に隈畔は「否定から肯定へ」（『六合雑誌』明治四五年四月号）に回顧して書く。

「田舎の旃陀羅《せんだら》の子として、あくせく山野に鎌鍬を取る事をやめ、反抗の裂けるような情を抑え、何の目的あって上京したか。天才か否か。富豪か否か。神の命令か否か。我知らず。惨憺たる戦闘。それは運命であり、私の一大革命であった」

「ああ、恐ろしいかな。闇々たる前途は、げに我を苦しめんとして待つなり。この惨憺たる人生の修羅場を目撃し、涕涙滂沱《ているいぼうだ》、戦慄す」

「帰らんとすれど、いずこに帰るべきを知らず。呼べども応えず、泣けども慰むる者あらず」

「屠羊の如く、自ら一歩一歩死地に行くのみ。ああ、理想なし。光明なし。ただ死のみ」

「旃陀羅」とは、屠殺や狩猟を生業とする中世以来の被差別民を指す言葉だ。自ら「その子」と称する隈畔。底なしの泥沼、その社会の最底辺から自分は這い上がれるのか。上京後の苦しい胸の内を絞り出すようにそう日誌に綴った。

自ら死地に行くのみ、と嘆き、生と死の狭間を往来する日々。そんな時に起こった大逆事件。国家権力によって、まさにその死を宣告された人々に思いを馳せる。

死刑執行の日、朝を迎えた死刑囚達。一人一人教誨室に連れ出される。典獄、刑事、医師の立ち会いのもと、教誨師が訓諭。絞首台に上る。屋根の四隅を支える四本の柱。その周囲は鉄格子で囲まれている。

頭から白布を被せられ、皮ひもで作った縄が首に巻かれる。担当官が大声で「執行！」と叫ぶ。その合図で床板が外され、囚人の体がドスンと宙に浮く。死骸は安置室に運ばれ一切が終わる。

一人一人が次々と絞首台の露と化す。定められた規則通りに処理が淡々と進む。その機械的で冷酷な人間の末期。その死にゆく人々の姿が脳裏に浮かぶ。鬱々とした気分は一遍に吹き飛んだ。

「明治天皇暗殺」の謀略が発覚したのは、前年の明治四三年五月末のことである。信州で、宮下が検挙。一週間後、神奈川県湯河原に逗留中の幸徳が連行された。

それが事件の始まりであった。

大日本帝国憲法が明治二二年に発布されて以来二〇年余り。「神聖ニシテ侵スベカラズ」と規定された万世一系の天皇。その第一二二代明治天皇が「国家の最高統治者」として国民の間に定着しつつあった。

通常「天子様」と世間の人々は呼ぶ。〝侵してはならないはずの崇拝者〟。その天子様を殺害するという。当時、想像さえできない陰謀であった。

当初、表向きの容疑は「爆発物取締法違反」。当局は新聞各社に事件の報道を禁止する。この異例の対応で、事の重大性は世間の人々に何も知らされない。

秘密裏に大阪、神戸、九州をはじめ全国で社会主義者数百人が検挙。「無政府主義者が全滅」との報で、何かとんでもないことが起きたと皆が初めて気づき始める。

五カ月後の一一月八日、大審院は刑法第七三条に基づき、逮捕者二六名の公判を決定。天皇及び皇族に「危害ヲ加ヘ、又ハ加ヘントシタル者ハ死刑ニ処ス」という「大逆罪」が適用される。「実害」に及ばぬ「未遂」でさえ極刑である。

新聞各社が一斉にその全貌を報道。国家元首たる天皇の爆殺を企てるという大事件とあって、全国に衝撃が走る。

二カ月間のスピード裁判。最終判決が下り、被疑者の内二四名が死刑。他の二名は懲役一一年と八年の有期刑となる。

翌日、一部に恩赦が下り、死刑囚の内、半数の一二名が減刑され無期懲役。残り一二名は死罪が確定。死刑が執行されたのは、そのわずか一週間後のことであった。あっという間の出来事である。

悲劇は、後々まで続く。

無期囚一二名の内、二名が獄中で自殺。三名が獄死。他の、ある者は二七歳で逮捕され二四年間、獄に繋がれた。昭和九年に仮釈放。無実を訴え再審請求を試みたが、悉く却下され、無念の内に九〇歳で没している。

〝闘う哲人〟へと思想変革

「何が人の生き死にを決めるのか。国家か。法か。はたまた主義か。運命か」

頭の中は霞がかかり、乱麻のようにぐるぐると疑念の糸が絡み合う。


百姓上がりの若い隈畔。差別の原因や階級社会の実態は知りようもない。この時は、国家や政党も自分にとって無縁でしかない。資本主義の悪弊や社会主義革命の知識もまだ持ち合わせてはいない。ましてや天皇の存在を否定する発想は、頭に浮かべようもなかった。

東京に来て、その天皇に直接弓を引く大逆事件に遭遇。初めて、自分にとって想定を超えた主義主張があることを目の当たりにする。


暗殺を計画した首謀者達は言う。

「国家の最高権力者である天皇も我々と同じ血を流す人間。それを人民に知らしめ、天子の迷信を打破する」

実際に、彼等はその恨みの対象である天皇の襲撃へと行動を起こす。それを阻止しようと、権力の側は「逆徒」として弾圧する。

この両極の対立。埋め難い乖離。その結果として惹起する迫害の構図は避けようもない。その悲劇の因果は、歴史的必然か。あるいは偶然の為せる災いか。

隈畔は、はたと思い当たる。自分が師と仰ぐ岸本能武太の言だ。二〇歳の時、農作業の合間に貪り読んだ岸本の本にはこうある。

「吾人の一言一行には悉く由来があり、理由があり、動機がある。人間社会の現象には全て一定の秩序と法則がある。その因果を発見し、いかなる方法で社会の進化と人生の目的を大成すべきや」（『社会学』）

自己満足に終わる学問に意味はない。人間の真実を探求し、自由な社会と人生を成就する。その強い意志がなければ、砂の上に家を建てるようなものだ、と岸本は説く。

この一冊の本が、哲学の研究に自分を駆り立てる出会いとなった。その初心にもう一度立ち返らねば、との思いを強くする。

人間の心に渦巻く善と悪。果てしない権力の横暴と差別。その人間の本質を見極めることが哲学を探求する目的であり、動機だ。それは「生とは何か」「死とは何か」を探り当てる生涯をかける闘いだ。

若い隈畔は、事件に遭遇し、否応なく価値観の変革を迫られた。近代的自我に目覚める〝闘う哲人〟としての新たな煩悶を自覚する。

もう一人、この事件に衝撃を受け自己変革を迫られた青年がいる。少壮の歌人・石川啄木だ。「今朝の愚童の火葬場の記事ほど、私の神経を強く刺激したものはありません」と、死刑囚の最期を書いた記者に吐露している。

啄木は、隈畔と同じ東北の出身。二つ年下の同世代だ。岩手県渋民村から北海道に渡り、各地に赴任した後、明治四一年四月、文学の道に燃え東京に出る。

この同じ年、隈畔もまた哲学の道を目指し上京。青雲の志を抱く二人の若者が期せずしてみちのくの故郷を後にしている。

啄木は、与謝野晶子の短歌に心酔。千駄ヶ谷の与謝野宅に居候し、「新詩社」同人に参画。次々と『明星』に短歌を発表し、若くして天才歌人の世評を高める。隈畔もまた後年、創立者の一人となった雑誌『第三帝国』時代に与謝野寛・晶子夫妻と交友を結ぶことになる。

その二五歳の啄木が、幸徳秋水の大逆事件を受けて日誌に記している。

「陰謀事件発覚し、予の思想に一大変革あり」「思想上に於ては重大なる年なりき」(「明治四十四年当用日記補遺」)

事件発生の明治四三年当時、東京朝日新聞に勤める。連日、記事収集の作業に従事。事件の経過、公判の推移をつぶさに掌握する。北海道で函館日日新聞、小樽日報、釧路新聞等、新聞社を渡り歩いた啄木。記者魂が心に疼く。

歌人・与謝野寛も動く。死刑囚・大石の甥・西村伊作や牧師・沖野岩三郎とは知り合いだった。その求めに応じ、新詩社同人の平出修に弁護を依頼。明治法律学校(明治大学)卒で人権弁護士・布施辰治の一年後輩。その平出が法廷に立ち、熱弁を振るう。

啄木にとっては歌人仲間。その平出から、内密に「裁判記録」や幸徳秋水の「陳弁書」を借りる。退社の帰路、連日のように北神保町の弁護士事務所に寄っては閲覧。七〇〇〇頁に及ぶ膨大な資料を夜半過ぎまで読破し、書写しながら事件の全貌を知る。

「陳弁書」で幸徳はこう述べている。

〝無政府主義者は、圧政を憎み、暴力を排斥し、平和を好む。無政府主義は、国家の主権者である天皇の更迭ではなく、政治・社会の体制の変革を目指すものである。天皇を排除しようとして「幸徳が暴力革命を起こした」というのは、妄言である〟

啄木は、その幸徳の主張にウソはない、と思う。検察側のでっち上げに憤りが込み上げる。


公判記録や弁護人陳述によって、事件の真相が明らかになる。

天皇に爆弾を投げ付けて排除する。主権者を倒せば無産社会が実現できる。そんな単純な発想で陰謀を企て爆薬を製造。山中での実験を試みた。

計画を思いつき実行したのは、管野、新村、宮下、古河の四人のみ。爆弾といっても直径三センチ長さ六センチの小さなブリキ缶。あまりにちゃちな代物だ。

情報も周辺に簡単に漏れる。そこに緻密な算段はない。しかも実行犯以外の他の二二人に確たる証拠はない。共犯者どころか、事件には関与していない、という。

首謀者とされた幸徳も、宮下から話は聞いたが、同意し実行を勧めた覚えはない。他の者達は計画の存在すら知らない。共犯の証拠はなく、証人もいない。大逆罪どころか共謀の罪にも当たらない。

当の四人が刑法第七三条「危害ヲ加ヘントシタル者」に相当。刑事責任を問われたとしても、他の者は「加ヘントシテ」はいない。まさに濡れ衣。本来、無罪が妥当だ。

懲役八年の有期刑を受けた、かの「善兵衛」も、実行犯の弟・新村忠雄と違って、元々社会主義者ではない。その弟から薬を砕く薬研がほしいと言われ、調達した。それだけのことであった。目的は知らされていない。

天皇暗殺のために爆薬を使用すると知れば当然断ったに相違ない。それでも「弟と共謀した」と断定された。明らかに冤罪であった。

刑事裁判は、「事実」と「認識」と「評価」が重要な基準となる。実行犯が、爆薬を製造した「事実」を認定し、その違法性を「認識」し、刑法に照らし大逆と「評価」した。

しかし、他の被疑者等はこの基準に当てはまらない。にもかかわらず当局は、全てに関与したと「筋読み」。大罪に仕立て上げた。

背景に司法当局のもう一つのシナリオがあった。無政府・社会主義者は国家の転覆を謀るテロリストである、と断定。危険人物及び思想を一掃する算段であった。筋書き通り各地の主要な中核メンバーが見せしめとして逮捕され、断罪された。文字通りの国策捜査である。

社会主義が反国家主義か否かは、思想上の論点ではあっても、刑事上の直接的な訴因ではない。法廷で検察と弁護人が真偽を巡って、激しい論戦を交わす。

ほっそりとした体躯のどこから熱情がほとばしるのか。まだ無名に近い若き弁護人の平出は、文明論の上から鋭く反論を展開。

〝新思想は旧思想に対する反抗であり破壊である。故に在来思想から見れば、新しい思想は常に危険である。しかし、日本の社会主義、無政府主義がどれほどの危険を含んでいるというのか〟

旧思想と新思想の闘い。「旧」は常に「新」を抑圧する。「新」は「旧」を打倒することで対抗するしかない。今回の事件の本質はそこにある—。文学者らしく、平出はこの事件を思想闘争と捉えていた。

法廷での二時間に及ぶ大弁論。正義感に満ちた、火を吐くような弁舌は受刑者達に感涙を誘った、という。

明治四四年一月一八日、死刑の判決が下ったその日、平出は『後に書す』を書きなぐった。

「悉く死刑！　これは何たる事であろう。これが事実の真相か、時代の解釈か」

法廷での熱弁も空しく泡と消えた。啄木もまた、その怒りを共にする。

かつて札幌の北門新聞社時代、社会主義者の同僚と交遊。明治四一年初頭には、小樽で演説会にも参加した。この時、社会主義者・西川光二郎の断固とした熱弁に感銘。読んだ評論に傾倒したことがある。以来、主義者達には共感を覚える。


無実の者まで罪人にする。問答無用の裁判。国家は「真実」を闇に葬るつもりか――。

啄木は啄木でその権力の暴走に「書く」ことでしか対抗できない。事件発生後、「所謂今度の事」を書き「時代閉塞の現状」を書いた。更に後世のためにと記録「日本無政府主義者陰謀事件経過及び附帯現象」を書き上げた。

短歌にも思いをぶつける。

「時代閉塞の　現状を奈何《いか》にせむ　秋に入りて　ことに斯《か》く思ふかな」　（「創作」）

「赤紙の表紙手擦《てず》れし　国禁の　書《ふみ》を行李《こうり》の底に探す日」（『一握の砂』）
その行李には『社会主義神髄』（幸徳秋水著）、『日本の労働運動』（片山潜著）等一九冊の国禁本が忍ばせてあった。
論文「時代閉塞の現状」にはこう書く。
「此等の混乱の渦中に在って、今や我々の多くは其心内に於て自己分裂のいたましき悲劇に際会しているのである。思想の中心を失っているのである」

日記に「思想の一大変化」と記したように啄木もまた、事件を契機に「国家」という強権の存在と「近代自我」の自覚に目覚めた。
その言論の格闘の最中、明治四五年四月一三日に結核の病で死去。二六年二カ月という短い生涯を閉じた。大逆死刑の一年余り後のことであった。

他の文学者達も黙ってはいない。
徳冨蘆花や森鷗外、永井荷風、田山花袋、武者小路実篤、正宗白鳥等もそれぞれの立場で権力に対し筆を剣として抵抗した。

蘆花は明治四四年一月二五日、天皇に助命の嘆願書を提出。すでに処刑が終わっていることを後で知る。怒りに燃えたが時すでに遅し、であった。

明治政府は、欧米の列強に追いつこうと、天皇を錦の旗に富国強兵に邁進。近代国家を建設することが最優先の理想であった。

一方、無政府主義者は藩閥政治を排除し民衆の幸福を実現することを理想とした。理想と理想の対立。その衝突が火花を散らし、革命を呼び、迫害を生んだ。国家主義と社会主義の真っ向からの対峙。明治の末期、普遍的な矛盾が露呈し大逆事件として顕在化した。

変質する日本社会主義

恩師の岸本は、社会宗教学者として時代の趨勢をどう見ているのか。

ある晴れた日曜日、隈畔は手土産を片手に、小日向台町の師の自宅を訪ねた。

早稲田大学で教鞭を執る岸本。休日も講義の準備や研究で忙しい。久方ぶりに弟子を書斎に迎え、隈畔の来訪を喜んだ。話は自然と大逆事件に及び、忸怩たる思いでその存念を語る。

「幸徳もいつかはこうなる、と思っていた。小男で仲間内から一寸法師といわれていた。頭脳明晰。平民の国を作りたい、と気宇だけは広大だったね。惜しい男を失った」

しみじみそう言って、幸徳秋水の死を追悼。自身が関わった日本における社会主義が辿った変遷の歴史を振り返った。

岸本は、比較宗教学の草分け的存在。自由キリスト教・ユニテリアンの主力メンバーでもある。

明治三一年一〇月、安部磯雄、村井知至等と「社会主義研究会」を結成。三人は共にキリスト教徒だ。同志社大学の同期生。「三福対」と称され生涯親交を結ぶ。

村井の誘いで片山潜が「研究会」に参加。それに幸徳も加わった。

片山は貧民救済を目的とするキリスト教の社会事業に従事。前年には『労働世界』を創刊し、健筆を振るう。一方、幸徳は自由民権思想家・中江兆民の門下。この年、発行部数三〇万部を誇る万朝報に入社し「社会腐敗の原因とその政治」を執筆。共に社会変革の論陣を張る。

「研究会」は、キリスト教の博愛主義に基づく日本で初めての社会主義団体である。

唯物思想から生まれたと思っていた社会主義が、キリスト教の人道主義思想にその淵源を持つことを隈畔は知る。

「当時、私は三二歳。幸徳は二七歳。他の者も三〇代だった。皆、血気盛んな青年で、伝統的なキリスト教哲学に限界を感じていた」

「限界とは、神の存在に対する懐疑ですか」

「そうではない。神は、自らが抱える原罪から人を救う。人は神によってこそ救われる、と説く。その信仰が個人の内面にだけ留まっていてよいのか。人によっては社会生活の上でキリストとは別の原理で行動することさえある。人は人。自分だけが救われればそれでよいのか、という問題だ」

「自らの平安を祈るだけではなく、他の悩める人々を救う。キリストの説く真理がそこにあると…」

「その通り。キリストは〝己のごとくその隣人を愛すべし〟と言った。人間対人間、自身と他者の関係、いわば宗教者の社会的側面をそれは説く。その理念を行動に移してこそキリスト者である、と我々は解釈した。貧富の差に苦しむ人々を救済する。その隣人愛の実践が宗教の社会的使命。その思想を核心とするキリスト教社会主義だった」

安部は学生時代、寺院の境内で空腹に倒れる幾人もの物乞いを見ている。これらの浮浪者を物質的にも救う道は、博愛主義に基づく社会運動しかない、と思い詰める。

村井は、その社会に展開する運動を「キリスト教思想の第二革命」と呼んだ。

「だが、その研究会も二年後に分裂したんだ。社会主義を日本のソーシャリズムとして理論化すべき、と私は考えた。それとは別に、社会運動として実践化すべきという考えがあった。意見は割れ、別々の立場に立つことになった」

「学究派と行動派に分かれたわけですね」

「行動派の安部や片山、幸徳等は、自分達で運動母体としての社会主義協会を作った。理論的根拠を積み上げず、理想論のまま走れば必ず破綻する。それが私や学究派の考えだった」

当の「社会主義協会」は早速、行動を起こし明治三四年五月、「社会民主党」を創設。日本で最初の社会主義政党結成へと一気に突き進んだ。

左翼的な社会主義者の西川光二郎や木下尚江、河上清も参画。綱領に「軍備・階級制度の廃止」「土地資産の公有化」「財産分配の公平化」を盛り込んだ。

いずれも国家統治の根幹を変える政治方針である。

左翼思想への転換。当然、政府も黙ってはいない。当局の動きは速かった。

即日、社会民主党を無産政党と見なし結社を禁止。政党の側は、やむなく「社会平民党」と改称してみたものの、即刻これも禁止となった。あっけない頓挫である。

「動機は正しくても運動論の構築に失敗。先生の心配された通りになってしまったんですね」

「そうなんだ。自由・平等・博愛を理念とする人道的社会主義が、無政府・共産をテーゼとする左翼的な社会主義に変貌した。その延長線上で様々な事件も起きてしまった」

〝人が殺されたというより思想が殺されたのだ〟

岸本宅から湯島の自宅に戻る帰途、岸本の言葉がいつまでも隈畔の耳朶に残った。

明治三七年の日露戦争前後から、その社会主義は分裂と破綻を繰り返しながら一段と左翼化の傾向を強めていく。

幸徳が平民社を立ち上げ「週刊平民新聞」を発行。その創刊一周年記念号に、日本で初めてマルクス、エンゲルスの『共産党宣言』を翻訳し、掲載した。

平民社の運動は危険思想として解散命令。幸徳が入獄する。明治三九年一月、「日本社会党」が合法政党として結成。片山、堺、西川に加え、大杉栄、森近運平等が参画し、後に幸徳も入る。

翌年、党大会で議会対策派と直接行動派に分裂。次第に行動派の運動が、ゼネストや組合活動から国家体制の打倒という急進的なものに重心が移っていく。

そうした過程で「赤旗事件」や「大逆事件」も発生した。

公然たる弾圧の嵐。

その政治的暴風の後、社会主義思想の流れは一気に失速。大正の中頃まで、動きの取れない〝凍結の時代〟へと向かっていく。

民衆への「社会的同情心」

筆を矢として生きる自分も理不尽な現実に無言ではいられない。

「革命と迫害」―その構造の本質を明らかにしたい。若き隈畔もまた心が急く。村を出奔した翌年に上京した妻も病で郷里に去った。本郷区湯島の一軒家。わずか四畳半の狭い部屋に一人で籠る。古道具屋で見つけた机。その周りには本が散乱する。

朝から晩まで東西の歴史書や哲学書を読破する日々。思いが浮かべば、わら半紙に書きつける。頭の回転が詰まると着流しのまま外に飛び出した。

日比谷から皇居へと散策。街の喧噪から離れ、静寂な日比谷の杜に佇む。「国家と天皇」「社会主義と革命」。絡み合う近代思想の混迷に考えを巡らす。

「民衆の苦しみに、人間としてどう向き合うべきか」

明治四四年、大逆裁判から半年後の夏、論文「社会的同情心」を書き上げ、『六合雑誌』(同年八月号)に発表。「事件」の総括と共に、不当な弾圧に憤る人々への強い共感を筆に託す。

新旧思想の対立と弾圧。吹き上がる憤怒のカオス。

その狭間で肝心の「民衆」が置き去りにされている。忘れてならないのは、まさしく民衆への愛情だ。その深い慈しみ、「社会的同情心」こそが理想追求の根本と隈畔は主張する。

〝社会は我が党にますます大きな迫害を加えつつある。しかし、吾輩は社会に対して充分なる同情を常に失わざらんことを欲する〟——。

かつて「わが一友が嘆じて言った」この言葉を「永久に忘れることはできない」と論文に書く。革命に身を投じ迫害の末に世を去った幸徳の死がその念頭にある。

「己に迫害を加え、己を侮辱する者に対して、断固として憤怒の情を発し、これを憎むのは当然のことである。人格と名誉を守るためには天下何物をも犠牲にするだけの勇気が必要である」

人間の尊厳を踏みにじろうとする権力。その魔性に立ち向かい、毅然たる信念に燃える革命家達に熱い共感を寄せる。

しかし、と隈畔は言う。

「迫害に怒り、それに倍する害毒で復讐することは、自己の尊厳を維持し自我を発揮する正当な方法ではない」

憎しみに支配された行動。敵者への倍返し。その「他者」への怨念を滅し去る勇気こそが必要である。それは寛大な菩薩的度量といってもよい。

「根底に、人間としての深い同情心が欠ければ、主義や理念に対して自ら盲目となり、ひいては独りよがりの妄想と化す」

その結果としての「短絡的な暴力の応酬」を強く戒める。

更に、路上に泣き叫ぶ婦女老幼。乱世に苦しむ人民。「それを見捨てて深山に籠る者は、志士でも仁者でも真の革命家でもない」と、現実に目を背ける傍観者を批判する。

「衆生病むが故に我れ病む」と仏説に説くごとく「人民の苦しみを以て自己の苦しみを感ずる」その高潔な精神に立脚すれば、迫害という、いかに恐るべき死の絶壁にあっても、社会への慈母のごとき愛情は、片時も失われることはない。

「孔子は罪なくして苦しみ、キリストは罪なくして死んだ。ソクラテスも牢獄にあって『我れ今、罪なくして死す。無上の光栄である』と叫んで逝った。聖者が残した言葉は人間に対する無限の愛情に満ちている。社会は自我の舞台である。人間を愛し尊ぶ、その人としての自我の完成が、理想社会の実現へと繋がっていく」――。

傲慢な権力者や政治家。観念をもてあそぶ学者。破壊的な行動に走る暴徒。隈畔の主張は、それらに鋭い警鐘を放つと共に、その論調には、困難に立ち向かい懸命に生きる人々への深い同情心が読み取れる。

揺れる天皇論争

大逆事件の翌年、明治四五年七月に明治天皇が満五九歳で世を去った。確実に一つの時代が幕を下ろす。その明治の末期、憲法学者の間で天皇観の違いから、激しい「天皇論争」が起こった。

天皇は宗教的存在か、政治的存在か。これまで避けてきた「天皇の権能」について議論が沸く。
隈畔は、どちらかといえば亡くなった明治天皇に幼少の頃から親近感を抱く。福島県の生まれ故郷に聳える半田山。銀が発掘され、鉱山として栄えた。半田村の生家のすぐ先に堂々と立つ鉱山の表門。黒光りした顔の大勢の人夫や山師が大声を発しながら行き交う。汗にまみれた、その男達の群れを幼少の頃から毎日見る。

この銀山に、明治九年六月二一日、天皇が巡幸した。右大臣・岩倉具視が随行。鉱山の隅々を視察した。先の孝明天皇まで代々の天皇はほとんど御所の外に出ることはなく、明治天皇は積極的に全国を回った。

その数は、九七回に及ぶ。一カ月から二カ月にわたる長期の地方大巡幸は、明治五年から一八年まで六回。この間、東北には明治九年と一四年に二度訪問している。最初の来訪の折は弱冠二四歳。背丈は五尺五寸ほど。雄々しい青年天皇である。民衆と直接触れる。そのことで、日本国家の新しい君主としての存在を民に知らしめようとした。

「行幸年表」（明治天皇聖蹟保存会編）によれば、同六月二〇日に福島市、二一日に瀬上町、桑折町、半田村、藤田町を訪問。翌二二日には宮城県の越河村、白石町へと向かっている。今に残る錦絵「明治天皇御巡幸御行列之図」。それを見ると天皇の御馬車を中心に、騎兵、近衛士官等の従者が続々と続く。華麗な「ミカドの行列」。目を見張るような王朝風の高貴な光景を前に、大勢の村人達がうやうやしく出迎える。この時、隈畔はまだ生まれてはいない。村あげての歓迎を祖父・豊助や父・倉吉が自慢げに話す。それを何度も聞いて育った。

洋風の鉱山事務所・弘成館前には大きな門が構える。その門前に「御免町」や「大門先」部落があった。そこに隈畔の生まれた野村家や名主の早田家、叔父の河原家の屋敷があった。天皇が通ったという生家の坂道。鉱石の残滓をズリ山に運んだトロッコ軌道の石垣。その女郎橋や門前が子供等にとって唯一の遊び場であった。

「ひらかずば　いかで光のあらわれむ　こがね花さく山はありとも」

隈畔が長じて結婚した明治四〇年、明治天皇が詠じたという御歌に謳われた銀山。その雄大な〝こがねの山〟の腕に育まれ今の自分がある、と思う。

天皇は何を思い、何を願ってこの歌を吟じたのか。

銀山といえども発掘しなければ、ただの山に過ぎまい。埋蔵された銀を開拓してこそ、国も栄える。間違いなくこの御歌は銀山開発の奨励の歌である。

しかし、と思いを巡らす煩悶青年。そこに秘められた、もう一つの歌の意図を読む。

人間は、鬱蒼たる樹林の闇に包まれた山である。自身の内面を発掘。生命を開かなければ、希望の光も花も、どうして得ることができようか──。

天皇は、鉱山に事寄せて「人間」の内奥に埋蔵された美しい可能性を歌に託したのではないか。

日本古来より謳い上げられた和歌集。その王朝文化の香りの一端を嗅ぎ取った隈畔。「天皇」を、そうした日本という国を包む伝統文化の母体として受け止める。天皇を崇め「天子」と呼ぶ、世一般の心情とも違う、もっと身近な存在にそれは感じられた。

しかし、事はそう簡単ではない。

明治初期、薩摩、長州、土佐を中心とした藩閥政府は、政治体制を整えることに急務で、明確な天皇像を描ききれていない。明治一四年に政変が惹起。政体は議会重視の英国型ではなく、君主が権限を持つ立憲主義のドイツ型へと整備される。

神話に基づく天照大神。それを祖とする「古代天皇」は、絶対の超越的な存在として君臨した。以後、「中世」「近世」と神国思想が時代の変遷と共に大きく変化。政治権力を握った公家、武家政権下で国家維持のための手段として天皇は相対化された。

にもかかわらず有史以来、依然として権威の象徴としてあり続けた天皇。「神孫為君という原則と、制度としての天皇位そのものが否定されることは決してなかった」（『神国日本』）という。


新しい国家体制を築くことを迫られていた明治政府。その新政権にとっても、神皇正統の体現者である天皇を「国体」の核とすることが政治的に絶対の条件であった。

明治二二年、帝国憲法によって、天皇の法的立場を確定。同四三年、四四年以降、その天皇観を巡って政治論争が過熱する。

憲法学者の上杉愼吉は、帝国憲法の第三条「天皇ハ神聖ニシテ侵スベカラズ」の条項を絶対視。政治的にも宗教的にも不可侵の「天皇主権説」を主張。

一方で、同じ憲法学者の美濃部達吉は、憲法講話で「国家が主権の主体。天皇はその最高機関である」との「天皇機関説」を発表する。

上杉が言うように「神とすべきは、唯一天皇」か、否か。

上杉、美濃部の論戦は、民本主義が高まる大正デモクラシーへの号砲ともなった。

これまで政治的イデオロギーとしての「天皇制」という言葉はない。呼び名も固定的なものではなかった。

欧州では君主を皇帝と呼ぶ。その意味で当時、世界的に見れば日本の天皇は数ある皇帝の一人。最高の主権を有する「君主」であり「統治者」ではあっても絶対的な「神的存在」ではない、との見方も根強くあった。

批評家・江藤淳は、海軍中将であった祖父・江頭安太郎のことを「一族再会」で回顧している（『江藤淳文学集成』）。

明治一九年、海軍兵学校の卒業式。祖父は天皇臨席の下、御前講演として遠洋航海の報告をした。江藤は、その時に残された講演記録の中に「我皇帝陛下ヲ祝スル為メニ奏楽ヲナセリ」との言葉を見つける。

玉座を前に「我が皇帝陛下」と祖父は言った。唯一絶対の「天皇」ではなく君主としての「皇帝」と。その呼称が宮中や政府で公式的に問題視されることはなかった、と書いている。

その事実に江藤は感動した。「詔勅で『大日本帝国・皇帝』ではなく、『大日本帝国・天皇』と称されるようになったのは昭和になってからである」とも述懐している。

昭和二〇年の第二次大戦終結後、新しい日本国憲法が制定。「国民主権」と共に「象徴天皇」が規定される。いわゆる「人間天皇」の誕生である。

それまでの七七年間、近現代においてもなお、明治、大正、昭和にわたり天皇は「現人《あらひと》神《がみ》」と「統治者」という、絶対化と相対化の思想の狭間で揺れ続けた。「元首として不可侵の統治権を持つ」とはいっても、実際には枢密院や藩閥政治家達が政治権力を行使。激しい派閥抗争を繰り返す。「民を守る」という政治の原点は軽視され、国家主義への政府批判が一層高まっていった。

無政府社会主義者等も権力機構と真っ向から衝突。一部の扇動家は、政府打倒から天皇制打倒へと極端に舵を切る。

当時、普遍的な価値としての広範な言論の自由はまだない。一挙に強まる〝危険分子〟への監視と強引な検挙。それは、不毛なイデオロギー対立の当然の成り行きであった。

幕末維新から四五年。産みの苦しみの中で日本は近代国家へと姿を変える。劇的な価値観の転換。西洋思想の奔流。その混沌とした世情の中で自我に目覚めた青年達が台頭してくる。

哲学青年の隈畔もその一人。苦悩と煩悶の青春を脱皮し、生死の呪縛から人間を解放する自由の世界へと言論の矢を放つ。初の論文「社会的同情心」の発表を機に、『六合雑誌』に次々と執筆していった。

「吾人は深刻なる自覚を欲す」（明治四五年二月号）
「否定より肯定へ」（同四月号）
「自覚と労作的精神」（同六月号）
「至誠と崇拝」（同七月号）

高等小学校しか出ていないという、いわば、無学歴の〝十字架〟を背にした一人の農村の若者が、岩をも砕くような執念で独学。言論界の一角に一躍登場していく。それは大正ルネサンス開幕への一つの確かな燭光でもあった。

第一章　百姓の子に生まれて

三百年続く野村一族

朝早く起きて　田園のけしきを眺める
心はいと爽やかに　わが胸躍る
見渡すかぎり青々とした緑の原　高き山
険しき峯は　巍々として空をつき
うす赤く黄色い光の雲は　東のそらに美わしく
雀や鳥は嬉しげに　舞いつ飛びつして
曙を祝いて　鳴いている

農家の一日は、夜明けと共に始まる。

若者は麦わら帽子を被り、鎌を手に持つ。古びた茅ぶき屋根の母屋を出て田んぼに向かう。半田山の中腹に広がる棚田。ザッザッと草を踏む草履の音があたりに響く。雑草取りが毎日の仕事だ。

眼前に広がる沃野。その遠方に守護神のように霊山の峯が聳える。桃源の郷に蛇行する阿武隈川。その水面が朝日に反射し銀色の光を放つ。

荘厳。静寂。深遠。緑輝く大自然に溢れるばかりの意志と力がみなぎる。感動が胸に込み上げる。若者は懐に忍ばせたわら半紙に一編の詩を書きつける。そして密かに決意する。

「好きな哲学の道を歩きたい。必ず、東京に出よう！」

果てしなき夢を追う若者は、野村善兵衛。後の隈畔である。


福島県北部。伊達、信夫両郡に信達平野が広がる。日本有数の米穀地帯だ。奥州街道を北上。羽州街道へと分岐する追分に桑折町がある。桑折は古くに「郡家（こおりや）」と称した。古代から「郡の中心地」で、奥州藤原氏を破った伊達朝宗を初代とする仙台・伊達家六二万石の発祥の地でもある。

この宿場町を過ぎ、半田山に通じる山道を登っていくと半田村の集落が点々と散在。女郎橋を越えると町最古の益子神社にぶつかる。一二〇〇年前、奈良時代の延暦年間に創建された古色蒼然とした社。境内は鬱蒼とした樹木に包まれ、半田銀山の守り神として信仰を集めた。その三叉路周辺の御免町部落に、隈畔の生家・野村家があった。

元々この平野一帯は、米沢・上杉藩の所領地である。藩は財政を立て直すために、新田開発を計画。摺上川から桑折、国見、梁川へ続く長大な用水路「西根堰」を築き水田を開いた。

その水路は下堰と上堰を合わせて、距離一〇里にも及ぶ。この大工事を成し遂げたのは、土木代官・古川善兵衛重吉と桑折村の庄屋・佐藤新右衛門家忠。この二人の尽力によって荒地は沃野に一変した。有数の米作地となった伊達地方。良質の米が大量に産出された。これに目を付けた徳川幕府が、米沢藩の跡目騒動を口実に領地を没収。その田畑のほとんどを天領とする。後年、この難事業を讃え、古川は飯坂の西根神社に開祖として祀られた。桑折の大安寺には「功労者」として佐藤の墓碑が立つ。

幕府が直轄したのは、それだけではない。

阿武隈川流域の伊達地方は気候が涼しい。蚕がそれを好み、古くから養蚕が営まれた。川俣の村には、古代の娘が蚕と絹織物を伝えた、という伝承も残る。

それを知った幕府が、近在の農家に盛んに養蚕を奨励。安永二年には伏黒、梁川など三九村が「奥州蚕種の本場」を名乗った。いわゆる蚕の〝伊達ブランド〟だ。

村々の農民達はこぞって桑畑を開墾。蚕を育て、繭を売った。この一帯が日本屈指の生糸の一大生産地に変貌。蚕種業者や繭の仲買人が都と村々をしきりに往来。盛んに商取引に走った。

明治維新後、養蚕業が急増。生糸の生産高は日本が世界一を誇った。近代産業の基盤となった絹織物。その流れは、綿織物が進出する昭和九年まで続く。

更に幕府は元々、藩が切り開いた半田銀山を幕府の「直山」とした。

通貨鋳造のための直営の鉱山だ。標高八六三メートルの半田山に銀が発見されたのは八〇七年の大同二年といわれる。以後、越後から会津、米沢と移封された上杉藩が本格的に発掘を開始。佐渡・相川の金山、但馬・生野の銀山と共に日本三大鉱山の一つとして栄えた。

幕府は佐州から奉行を派遣。石州、但州からも役人が来て統治した。働きを求めて、坑夫や労役夫が全国から集結。その数は二〇〇〇人を超えるほどに繁栄した。

明治の初期には銀の産出は一八七万匁を超えた。佐渡の七八万、生野の四一万匁を抑え半田鉱山が日本随一を誇った。

潤うのは地元の地主達。食材の玄米や野菜、油、坑道に使う木材を大量に鉱山へ納入。

その上、掘削用に使う南部鉄まで手に入れて売った。岩手の松倉鉱山と自前で契約。鍛冶職人を派遣し、年に三〇〇〇貫もの鉄を供給した、と当時の記録に残る。

農民は凡庸のようではるかに機に敏く、たくましい。

「米」「蚕」「銀山」の三大資源。実入りは莫大なものになった。田畑や山林を買い集める。小作人を使って農産物を産出する。坑夫や物資を調達する。いわゆる村の総元締め・豪農が誕生。近代社会の発展を底辺で支えた。

その半田村では、古くから鉱山業に関わった早田家が名主。御免町部落の野村家も早田家と並ぶ素封家として、その一角を占めた。野村一族は、令和の現在まで三百年続く旧家。系譜は、徳川五代将軍・綱吉の時代にさかのぼる。一六九九年の元禄一二年に没した「勘右衛門」が善兵衛の生家・野村家の初代だ。

「半田銀山山師年表」には、一七一二年（正徳二年）と一七二三年（享保八年）に「北半田村・勘右衛門」、一七三七年（元文二年）に「同・甚右衛門」とある。

銀山前史の古文書「半田銀山始之事」には、享保八年に「勘右衛門」が有力鉱脈を発見し一〇数年にわたって発掘。「相稼候《あいかせぎ》」とあるから、頭目として山を仕切った。元々は農業を営みながらの山師の一族。

善兵衛こと隈畔の父・倉吉は、その系譜にあり野村家の八代目・当主に当たる。

銀山の入口、大門先部落の河原家も、安永八年に逝去した初代から、代々「伊藤次」を名乗る。その「伊藤次」六代目の当主・浅次郎も鉱山師として活躍。早田伝之助の下で野村家と共に鉱山開発の役務を担った。その早田一族からミノを妻に迎え、二人の娘を儲けた。安積郡の高玉鉱山に村から派遣した武田家の次男に長女を嫁がせ、次女のフクが本家に残った。野村倉吉の実弟・勘次がその次女のフクと結婚し、河原家に婿入り。「伊藤次」七代目を継ぐ。早田家、野村家、河原家と互いに姻戚関係を結びながら、各部落の多くが半田銀山と深い関わりを持った。

江戸時代に銀山で栄えたその「富める農村」も、幾度となく時代の荒波を受ける。大凶作が続き、年貢の取り立ても容赦がない。その傲慢な代官に下層農民の怒りが爆発。寛延と慶応の二度にわたって大規模な一揆が起こる。

信達騒動の勃発である。

寛延には伊達崎村の義民・蓬田半左衛門を始め斎藤彦内、猪狩源七等が蜂起。六八カ村一万六〇〇〇人が万正寺村に集結し、桑折の代官所へと強訴に及ぶ。

騒動の首謀者としてこの三人が獄門・死罪に処せられた。

戊辰戦争に揺れる慶応の幕末にも世直し一揆が起こり、四九カ村六四戸が打ち壊しに遭っている。

「一揆様。どうぞ腹一杯、飯を。お足が痛まぬよう草履を。お酒も召し上がれ。その代わりどうぞこのまま、この場をお通り下さい」

打ち壊しを恐れた領主が、屋敷前に握り飯、塩鮭を出し農民にひれ伏した、とも言い伝えられている。

凶作と重税にあえぐ農民を救おうとして犠牲になった義民。その命がけの決死行が後々の代まで語り継がれた。「寛延三義民」の刑場となった桑折町・産ヶ沢橋の近くにはその「顕彰碑」が立つ。中心者の半左衛門は、伊達崎村前屋敷の出。温厚な人柄で村人の信望が厚かった。刑場に晒された遺体は密かに運び出され、蓬田家の畑の一角に葬られた。現在、顕彰会が建立したという立派な墓所がこの地にある。

半田山の大崩落もあり、やがて銀山が衰微。多くの掘子が路頭に迷い、糧を失った農民も生活に困窮した。

見かねた名主の早田伝之助が自前で鉱山を再開。不幸にも犠牲者一四人という大火災の惨事に遭い、撤退する。

その後を受けて、鹿児島藩の五代友厚が鉱山に近代技術を導入。それまで下支えしてきた近在の農家が立ち入る余地は、次第に無くなっていった。

収入を失って零落する富農。小作農を抱えた地主達は自営に窮し、次々と農地を手放した。かつては金貸しをする程の資産家であった野村家も例外ではない。生活はひっ迫し、一家総出で専業の米作りに精出す他に生きる道はなかった。

父は自然主義、子は理想主義

そんな中で、野村家を継いだ父・倉吉のもとに近くの塚野目村から佐久間貞介の長女・シケが嫁いでくる。明治に入り、長男・梅蔵、次男・区松に続き、明治一七年八月一七日、三男として善兵衛が生まれる。

後に豊吉、淑が生まれ、祖父・豊助、祖母・ミツを含め三世代が同居する百姓一家となった。

善兵衛は幼少から隣部落の叔父の河原家に、よく遊びに行き家族同様に可愛がられて育つ。当主の勘次や総領の義久が営む桑畑が遊び場。初夏ともなれば赤黒い桑の実を畑でよく食べた。その甘酸っぱい味が大好きであった。

明治二五年一月、数えで九歳となる年に善兵衛は、村の尋常小学校に入る。二年遅れの入学。経済的な理由がその背景にあった。初代文部大臣・森有礼の学制改革で義務教育が無償となるのは明治三三年。この時はまだ有償である。入学費や授業料が払えなければ小学校にも行けない。家庭が貧困で学校に入れない子弟が村に何人もいた。

何より勉強の好きな善兵衛にとってもこれほど辛いことはない。それでもやっと三カ月の予備生を修了。四月から正式に一年生に編入できた。

皆より年長のせいか、できないことがあると恥ずかしさでよく泣いた。〝泣き虫・善兵衛〟のあだ名も付いた。その悔しさから一層学業に集中。納屋の一角に小部屋をもらい、学校から戻るとその勉強部屋に籠った。本を読むことが何より嬉しい。古びた天井を眺めながら、一人、勉学に励んだ。

尋常一年で二等賞、二年で三等賞。四年間で最優秀の成績を収めた。生徒総代として答辞も読んだ。村一番の〝神童〟とも言われ、評判にもなった。

『第三帝国』（第三号、大正二年一二月一〇日）に「父は自然主義、子は理想主義」と題し、隈畔はこう書いている。

「自分はかなり貧乏な田舎の百姓の家に生まれた。幼い時から人生の苦痛を経験した。生まれつき学問が好きだった。村の尋常小学校を終え高等科に入りたいと思った。〝高等小学校を卒業した者は村に数えるほどしかいない。授業料、諸経費が高いことが理由だった。内の財産では余裕がない、学校をやめて家業の手伝いをしてくれ、と父が言った。私は非常に落胆した」

「子供ながら家の不如意はわかっていた。父に同情もした。しかし、どうしても向学の念は去らない。思い切って役場に行き、村長に会った。〝高等科に入りたいからもっと授業料や税金を安くしてほしい〟と訴えた。重税は父より私に直接降りかかった。幼稚だったが真剣だった」

同情した村長が父を説得したのか、やっと明治二九年、高等小学校へ進学が許された。卒業するまで毎年、一等賞の首席で通した。ある日、校長が家に訪ねてきた。

「善兵衛君は在学中、成績優秀。県庁からご褒美が出ることになったぞい」

「エーー！　それはまんず。どうもお世話さまだなす」

驚く両親のズーズー弁の声が納屋まで聞こえる。

表彰の場所は、保原から桑折に移った洋館の伊達郡役所。三島通庸県令の肝いりで、善兵衛が生まれる一年前に完成。桑折の大工棟梁・山内幸之助、銀作が建てた。当時として珍しい洋式。壮麗な佇まいの庁舎だ。この郡役所は、昭和五二年、国の重要文化財に指定され、今も残る。

表彰式といっても、子供の善兵衛には着る服がない。

「えらいことになった」と母が町の呉服屋に飛んで行く。縦じま模様の反物を買う。善兵衛が着る羽織を急ぎ縫い上げた。それを着て当日は、祖父の豊助に連れられ式に出席。

「金蒔絵の硯箱」を記念品として授与される。

「名前を呼ばれてナー、善坊がヨ、郡長の前に出張ってない、嬉しがったなす！」

家に帰ってから、何度も同じ話を繰り返す。その孫に名を付けたのは祖父の豊助であった。


水は田の命。信達平野に伸びる長い水路が農民の命綱だ。

その西根堰を命がけで築いた古川善兵衛は、いわば村では伝説の人物。祖父の豊助は、伊達の農民を救ったその恩人に因み「善兵衛」と名付けた、という。


村一番の優等生といっても算盤が大の苦手。「九九」を使って球を動かすとピタリと答えが出る。なぜ答えが出るか、分からない。泣いて帰ると母が言う。

「泣いたって分かんねべー。父チャンに聞け」

「父チャンだって分かるもんでねー」


善兵衛にとってみれば、答えが分からないのではない。どうしてその答えが出るのか、が分からない。整然と並ぶ珠を前に考え込む。頭が混乱する。算術が魔術に見える。

神秘的な数学の世界。子供ながら無意識のうちに思惟の世界に没入した。

物思いに沈むことがもう一つあった。「孝」という問題であった。

父と母は些細なことでよく夫婦喧嘩をした。母・シケは安政五年生まれで、父とは二つ年下。代々農家の旧習で、本人の意志は二の次。親同士が結婚を決めた。

隈畔が『自由を求めて』（京文社刊）に吐露したように「両親は決して夫婦相和していなかった」。シケはズバリとものを言う気の強い女性であった。その気性がしばしば父との衝突を生んだ。半面、情は深い。子供達に限りなく愛情を注いだ。

ある時、二人は激しく口論。六歳になった弟・豊吉を背負い、母が塚野目部落の実家に帰ってしまった。泣きながら母を見送る善兵衛。「母チャンは、もう二度と家には戻らない」とショックを受ける。そう思うと胸が一層苦しくなる。

翌日、学校が終わると、母の実家まで砂利道をとぼとぼと歩く。母に会って、しょんぼりと帰ろうとする。「兄チャン！　兄チャン！」と幼い弟が追いかけてくる。二人は、なぜか悲しくなり、道端で日が暮れるまでおいおいと泣いた。

畦道に座り、肩を寄せ合って涙をこぼす兄弟。まるで赤い目をした二匹の小兎のようであった。

小さな胸に刷り込まれた辛さ。その愛別離苦の感情が、子供ながらに「孝」の問題意識として刻まれる。

学校での道徳の授業。教師は「孝」の大切さを教えた。

儒家思想から「孝は人の道。父母への尊敬の念を忘れてはいけない」と説いた。親にとって子に代わる子はいない。子にとっても親に代わる親はいない。「孝を以て天地の理とする」。その思想に善兵衛は素朴な疑問を抱く。

放課後、職員室に校長を訪ねて聞いた。

「もし、両親が離縁すれば子はどっちに従えばいいのすか。父に従うのが孝すか。母に従うのが孝すか」

校長は一瞬驚き、言葉を詰まらせる。

「俺には分からねえ。お前はどうしてそんなことを考えるんだ」

善兵衛は失望する。自分で答えを見つけようと、図書室で「孟子」を読み、「中庸」を読んだ。ある時、校長が黒板に「中庸」と書く。「偏らないことを中といい、変わらないことを庸という。人として最も大事なことである」と教えた。

すでに「中庸」を読んでいる隈畔。「孔子の注釈をそのまま言ってらあ」と心の中で笑う。

思想書を読めば読むほど、真理の山が高くなる。その山を登れば登るほど興味が湧き、魅力が増す。善兵衛は次第に学問の道へとのめり込んでいく。

人生は「不可解」と投身

明治三三年春。高等小学校を卒業。数え年一七歳になる年であった。

小学校尋常科、高等科と学業を終えたら百姓をやる。それが父との約束だった。同級生達は皆、中学校、師範学校へと進学していく。自分も本音は上級学校に進み、教師になりたかった。

「天下の英才を得て、之を教育す。是、君子の唯一の楽しみなり」

孟子のその言葉がしっかり心に刻まれている。

それは叶わぬ夢か。進学できないことが無性に悔しかった。同級生が羨ましい。自分だけが取り残された気分になる。思い余って、父に内緒で中学校の入学手続きを取った。それを知った父は激怒した。

「百姓に学問などは要らねえ。おめいは百姓をやるんだ！」

取り付く島もない。進学を勧めてくれた担任の先生に詫びた。

「よしよし。それでいいんだ。お前は自分の欲することを自分で決めた。そのことが一番大事。これからもそうしていきなさい」

その慰めに発奮。善兵衛は心を決める。

「よし、それなら百姓をしながら学問をやろう！」

「田畑も耕した。田の草取りもした。稲刈りや麦打ちもした。盆が過ぎれば山に草刈りにも行った。馬を曳いて柴刈りにも行った」と隈畔は後に「自由人の生活」（『新文学』第一六巻第五号、大正一〇年五月一日）に回想している。

体の弱い善兵衛にとって農作業は辛い。疲労が全身を襲う。それでも本が唯一の友。母に小遣いをねだっては買って読んだ。休日には、村から四里もある福島の本屋まで歩き書籍を手に入れた。

服部宇之吉、パウルゼンの倫理学の著作。キルヒマン著・藤井健次郎訳の哲学概論。ハルトマン著・姉崎正治訳の宗教哲学書。田に水を引き、畦に腰を下ろしてその分厚い頁をめくる。

「範疇」「規範」。目に飛び込んでくる哲学用語は難解だ。村の物知りに聞く。「哲学は『鉄』の学問。そう簡単に分かるもんじゃない」と駄洒落を言って取り合わない。

野良仕事が終わると疲れた体で、歩いてすぐの叔父の屋敷に向かう。古い土蔵。その二階の一室に籠る。鉄格子の窓から差し込む光がまぶしい。哲学書を読みながら独学に耽った。


二〇歳となり兵役を終えた後、善兵衛は伊達崎村の西山義塾に入った。

この私塾は、明治三〇年に創立。四条派画家・西山正躬の三男である安丸が自分の書斎から始めた。文化に恵まれない農村の青年。向学心に燃える若者達がこの塾で、国漢文や歴史、天文、哲学を学んだ。

〝青年ハ自由ノ子ナリ、天下ノ公明正美ナル大精神ヲ以テ、其ノ青年ノ人格ノ根本基礎ヲ

建立セザルベカラズ〃

西山安丸が『青年読本』に書いたその心意気に吸い寄せられるように、二町九ヵ村から塾生が集った。中学校に進学できなかった善兵衛も、よくこの塾に通った。西山が作った私設・伊達崎村図書館の蔵書を読むことが楽しみであった。

東京に出奔する明治四一年までの足かけ九年間。農作業と独学を両立させながら、青春の苦節の日々を送った。「生とは何か。死とは何か」—答えの見えない煩悶が延々と続く。

そんな中、一つの衝撃的な事件を知る。

明治三六年の五月二二日。一人の哲学青年が、栃木県日光の「華厳の滝」に身を投げた、という。

轟音をあげる瀑布。高さは九七メートル。滝壺に落下する水は一〇〇トンに及ぶ。助かるはずもない。滝が落下する巨岩の上に突き刺した傘。傍らに立つミズナラの木。その木肌が削られ、一編の漢詩が刻まれた。

「巌頭之感」

悠々たる哉天壌　遼々たる哉古今

五尺の小躯を以て　此の大をはからむとす
ホレーショの哲学　竟《つい》に何等のオーソリチィを
値するものぞ
万有の真相は唯だ一言にして　悉《つく》す
曰く『不可解』
我この恨《うらみ》を懐いて煩悶　終《つい》に死を決するに至る
既に巌頭に立つに及んで
胸中何等の不安あるなし
始めて知る
大なる悲観は　大なる楽観に一致するを

一八歳。若き第一高等学校の学生・藤村操である。

前日に家出。机に杉の小箱を残す。中には半紙七枚の置き文。大騒ぎとなる。夜、郵便が届く。

「世界に益なき身の　生きて　かいなきを悟りたれば」

手紙には「日光町小西旅館」とある。翌日、叔父の歴史学者・那珂通世が一番列車で日光に急行。碑文「巌頭之感」の前に呆然と立ち尽くす。夜、湖畔の宿で一文を認める。

身の丈五尺五寸余。眉目清秀にして
頰に微紅を帯び、平生孝友にして
一家の幸福の中心と思われし　未来多望の好青年は
去って返らず消えて痕なし
嗚呼、哀しいかな

巌頭の碑文に対する慟哭の返歌である。


フランスのデュマ著『モンテ・クリスト伯』（「巌窟王」）の訳者で知られる論客・黒岩涙香。万朝報一面に「少年哲学者を弔す」と哀惜の論を張る。

「我が国に哲学者無し、此の少年において初めて哲学者を見る。否、哲学者無きに非ず、哲学のために抵死する者無きなり」〈五月二七日〉

一〇日後の六月一日、東京朝日新聞も論評を書く。

「惨死を聞き悲痛に堪えず。霊魂は絶大微妙なる天上の不可思議郷に帰り去りぬ」

滝に身を投げた学徒の一編の遺文は、マスコミ界のみならず、論壇や文学界へと波及する。

この時、夏目漱石は三六歳。第一高等学校講師として教壇に立つ。抑揚のない分析的な講義。学生達にとっても退屈なことこの上ない。教え子の藤村操も、講義に半ば上の空。自殺する二日前、その藤村を漱石は英文学の訳読の件で「やる気がない」と詰問する。

奮起を促すつもりのその叱責が自殺への〝最後通告〟となったのか。漱石の心に一種の苦々しさが残る。

三年後、『新小説』に発表した『草枕』（十二）にこう書く。

「巌頭の吟を遺《のこ》して、五十丈の飛瀑を直下して急湍《きゅうたん》に赴いた青年がいる。余の視《み》る所には、彼の青年は美の一字の為めに、捨つべからざる命を捨てたるものと思う。死その物は洵《まこと》に壮烈である。只その死を促がすの動機に至っては解し難い」（『新潮文庫』）

同じ作家でも、警世の鐘を撞く黒岩涙香のような高ぶった感情が、そこにはない。漱石の見る目は、学者らしくあくまで沈着で冷たい。

藤村の後を追って華厳の滝に投身自殺する若者が相次ぐ。それがまた青年の間で大きな反響を呼んだ。それを危惧したか、後に隈畔等と共に雑誌『第三帝国』を創刊することになる茅原華山は、「青年と人生問題」と題し「人事を尽くして天命を待つ」生き方を書いた（長野新聞）。

驚いたのは善兵衛ばかりではない。高等小学校時代の同級生・松本悟朗もその死にショックを受ける。滝に身を投げた藤村とは同世代。しかも同じく哲学を志す若者だ。痛いほど苦悶にあえぐ心境が分かる。

松本は明治一九年、福島・板倉藩士の家に生まれる。
父は剛毅な人で槍の師範。善兵衛と違い、いわば士族の出。幼少に桑折町・慈雲寺住職の養子となった。
隈畔とは二歳年下だが高等小学校で二人は同級生となる。善兵衛は面長の精悍な顔立ち。まじめ一方で「常に首席」の優等生であったが、悟朗は浅黒い顔で親分肌。「喧嘩」に明け暮れ、負けん気が人一倍強い。対照的な二人であった。

貧乏な善兵衛は卒業後、百姓となった。裕福な悟朗は上級の中学校へと進み、やがて東京の私立哲学館大学、後の東洋大学哲学科に入る。

数年後、郷里・桑折町での同窓会で、「煩悶青年」の二人が久方ぶりに再会する。その帰り道、阿武隈川の土手に座り込み哲学談義。「藤村操の死」について話し込む。

「彼は、万有の真理は不可解、と言って死んだ。不確かな自己存在。その不安が、死の恐怖にまさった、ということだろうか」

「いや、胸中何等の不安なし、と書き残しているから、悲観の末ではあるまい。むしろ積極的な己の意志の表明、いうなれば確信的な楽観死といえるかもな」

「一切にして無。その矛盾を悟ってしまった…」

「そうかもしれない。哲学的な意味がそこに秘められている。彼にとって自殺とは、真理なるものに解答を迫る、いわば死をかけた壮烈な実験でもあった」

「哲学は死の練習である、自らの魂を完成させよ、とソクラテスは言った。生きて完成せず未完のまま彼は終止符を打ってしまった。残念だな」

「生きるための哲学か。死ぬるための哲学か。俺にはまだ分からないね」

「人間の生涯はモザイクの絵のようなものだ。遠くから見れば美しい絵だが、近づけば近づくほど訳が分からなくなる。論語には『未だ生を知らず、いづくんぞ死を知らん』とある。俺達の人生は、それを知るための迷路のようなものかもしれないな」

阿武隈の清流に目をやりながら二人の対話は延々と続いた。対照的な性格であったが共に哲学を志す二人は以来、肝胆相照らす友情を結んでいく。

進む道こそ違ったが、それぞれ研鑽に励み、長じて後、善兵衛が隈畔の筆名でベルグソン哲学者、悟朗はバートランド・ラッセルの研究者として名を上げる。

その松本と共に雑誌『第三帝国』を創刊し、論客として活躍するのは、ずっと先のことだ。

日露開戦か、非戦か

青年達の煩悶をよそに、日本を取り巻く国際情勢は日に日に緊迫。明治三七年の開戦へと突き進む。満州、朝鮮半島へと南下し、東アジアに進出しようとするロシア。一方、朝鮮を拠点として本土防衛を図る日本。軍事衝突は避けられない情勢となる。

ロシア軍の現地兵力は五〇万。本国からの派遣可能な兵力は三〇〇万ともいわれた。太平洋艦隊、バルチック艦隊、黒海艦隊と連合艦隊を保有。国家歳入も二〇億円を超える。

それに引き換え、日本は予備兵を含めわずか三〇万。海軍も一艦隊。国家予算は二億五〇〇〇万円に過ぎない。軍備、財政の両面で、大きな開きがある。とても勝てる相手ではない。日本は東洋の「小国」。大国ロシアにとって、東アジア進出は楽勝。いわば単なる〝軍事的な散策〟に過ぎない。

日本政府は、桂太郎等の主戦派と伊藤博文等の回避派に割れる。国論が二分。ロシアは日本を「猿」と呼び、日本はロシアを「白熊」と呼ぶ。揶揄の応酬も加わり、収まる気配はない。

学界や論壇にも開戦派と非戦派の激しい論争が巻き起こる。「露国征伐論は単なる流行に過ぎない」万朝報紙上で幸徳秋水がその非現実性を指摘したものの、東京帝国大学の学者七人が「開戦建白書」を政府に提出。東京朝日、読売、毎日、報知等が連日、その論文に同調。開戦に追随する世論が広がっていく。

当初、非戦論者であった万朝報主宰・黒岩涙香も世情に押され、主戦論者に転向。これに反発した内村鑑三や堺利彦、幸徳秋水が万朝報社を退社するという騒動も起こる。

「朕、茲《ここ》ニ露国ニ対シテ、戦ヲ宣ス」

同三七年二月、詔勅が発布され遂に日露戦争が勃発。翌三八年九月に終戦するまで一年半、激しい戦闘が続く。

日本はこの戦いで劇的に勝利。犠牲者も多く、日本は一一万五六〇〇人、ロシアは四万二六〇〇人の死者を出す。

開戦後の六月二六日、文豪トルストイがロンドン・タイムスに長文の反戦論文を発表。東京朝日新聞はその翻訳文を八月三日付から二〇日付にわたって掲載した。

トルストイは言う。

〝戦争は又もや始まれり。一方は殺生を禁ずる仏教の徒、他方は博愛を標榜するキリストの徒。両者互いに海に陸に他を虐殺し、殺害せんとするは何事か！〟

〝幾百幾千の人、兵士が軍服きらびやかに鉄剣厳めしく、老親妻子を棄て我が命を賭して、未だかつて見たことも、己に害を与えたこともない人々を殺戮せんとする〟

自らもクリミヤ戦争に参加した経験を持ち、大作『戦争と平和』を完結させたトルストイ。その言々は真に迫って重い。

その翻訳文を読んで感動した与謝野晶子。『明星』九月号に反戦詩「君死にたまふことなかれ」を発表した。従軍兵士として戦場に駆り出された弟の籌《ちゅう》三郎。二四歳で出兵したこの不憫な青年を詠んだ詩が〝トルストイへの返歌〟として反響を呼ぶ。

「あゝ　をとうとよ、君を泣く
君死にたまふことなかれ
末に生まれし君なれば
親のなさけはまさりしも
親は刃《やいば》をにぎらせて
ひとを殺せとをしえしや
人を殺して死ねよとて
二十四までをそだてしや」

この日露戦線では陸軍一七個師団、三〇万人の若者が動員された。徴兵令改正で国民皆兵制が明治二二年に施行。二〇歳以上で長男以外の男子が徴兵検査を義務付けられる。抽選で順次、赤札で召集。交替要員も含めその数は次第に増えていく。

開戦の年、二〇歳に達した善兵衛もまた例外ではない。早速、仙台歩兵第四連隊に入隊となった。

徴兵されたものの幸運にも内地応集。何とか戦地に行かずに済んだ。除隊となった後も、毎年のように予備兵として「簡閲点呼」に参加。夏になると決まってその呼び出しが来た。「軍事教練」ともなれば、仙台の第二師団歩兵第二九連隊に三週間入営。猛烈な訓練に体の弱い善兵衛は耐える。

戦争ほど、人の運命を苛酷なものにするものはない。半田村に帰ってくる若者達の遺骨。広報に載る戦死の知らせ。トルストイや晶子の反戦の叫びが人々の魂を打つ。

哲学で飯は食えぬ

戦場に我が身を散らすか、一生百姓で終わるか。死と隣り合わせの青春。忍び寄る不安。「農業」と「学問」の二足の草鞋を履く中で善兵衛は、人生の転機となる一冊の本に巡り合う。

岸本能武太が著した『社会学』（明治三三年一一月刊、大日本図書）である。東京専門学校、後の早稲田大学での講義録で、『六合雑誌』に発表、出版された。

岸本は言う。

「智を磨き、情を清め、胆を練る。これは未成年者のみのことではない。そのための教育も学校だけに限るべきではない。さらに教育は他人より受けるべきものでもない。自己が自己を教育しないということがあってはならない」

学校教育だけが教育ではない。自分が自分を教育する。その大事が忘れられている。いわば〝独学の勧め〟だ。学校に進めず百姓をしながら勉学に励む善兵衛。誰もそれを認めず評価もしない。たった一人の闘いだ。その辛い思いを代弁する岸本の言葉に感動を覚える。

孤独感にもがく自分。読み漁る哲学書の難解さに立ちすくむ。自分は哲学を学ぶ能力が欠けているのか、と自責の念に駆られる。不安が脳裏によぎる。

岸本の論及は明快だ。

「現在の哲学の字句は難渋で複雑である。今日の急務は、解し難き思想を解しやすき文章となし、一般の人々に対し、哲学が決して分からぬものではないことを悟らせることではないか」

我が意を得たり。善兵衛はストンと胸に落ちる。劣等感と迷いが霧のように晴れる。

何度も読み返しては岸本に質問の手紙を出す。農村の一青年の熱心な学究心。岸本にとってみれば初めての著作。その若者の反応が嬉しい。

岸本も、分厚い返信を書く。時には三枚もの切手を貼ることもあった。二冊目に発刊した論文集『倫理宗教時論』を善兵衛に贈呈。「原書を読むために英語を勉強するように」と助言する。

その誠実さに感銘する善兵衛。まだ一面識もない学者ではあったが、「我が生涯の師」と心に決める。後に筆名の隈畔となり、述懐している。

「私と岸本先生の絆は学歴に関係なく、全く精神上の、人格上のそれであった」

二四歳で善兵衛は結婚した。

親同士が決めた見合いで妻となった次子。二つ年下の二二歳。隣接する伊達崎村から嫁いできた。蓬田清左衛門の二女。良家の出で、村では〝お次さま〟と呼ばれていた、という。明治四〇年のことだ。

伊達崎村の蓬田家は、寛延年間に農民一揆を率いた義民・蓬田半左衛門一族とも縁のある系譜。代々の農家の嫁の習わし通り、新妻も夫・善兵衛と共に田んぼに出て稲を刈った。

新婚生活も落ち着いた翌年の明治四一年。九年間の百姓生活に見切りをつけた善兵衛は、反対を押し切り、単身で東京に出奔する。

元々、農業に向く善兵衛ではない。体も丈夫とはいえない。畑仕事はしても俵一俵担ぐのも難義だった。農業が嫌いというより、労働それ自体が耐えられなかった。

「労働のための労働をやって、何等人生の意義を考えない労働に、とても私の本性そのものが堪えきれなかった」と「自由人の生活」(『新文学』大正一〇年五月号)で振り返っている。


それに学校を卒業したら百姓を、との父との約束も充分果たしたと思う。結婚もし家からも独立した。後は哲学探究の自分の夢を追いたい。止み難き向学心から上京を決意する。母方の叔父が叱責する。


「貴様、哲学なんかで飯が食えるもんでねー!」

売り言葉に買い言葉。善兵衛は言い返す。

「飯など食えなくとも構うもんか!」

捨て台詞を遺し、意を決して郷里を去る。七月末、田には青々と稲が伸びる。家を出るのは、稲刈りが始まる前の今しかない、と思い詰める。若い盛り。理想に燃える二五歳の夏であった。

第二章　実を結ぶ独学の結晶

学問一筋の東京生活

「ボォー、ボォー」

空を裂くような甲高い汽笛。吹き上がる黒煙。東京を目指し、ゴトンゴトンと機関車がゆっくりと走り出す。

明治四一年七月、真夏の太陽が照り始める日の朝、隈畔は東北本線の桑折駅を発つ。閑散とした最後尾の車両。一人、木造りの硬い座席に陣取る。木綿の絣の着物に角帯といった簡素な風体。黒い風呂敷には愛読書の「社会学」の本が入っている。車窓には故郷の半田山が流れる。やがて吾妻連峰、安達太良山を後に白河の関を越える。

「いよいよ故郷を去り、長年、憧れ続けた東京に出る。努力して、ひとかどの哲学研究者になろう」

若妻を郷里に残し、青雲の志に隈畔の心は躍る。

各駅停車の鈍行列車。数時間後、やっと上野駅に着いた。ぞろぞろホームに降りる乗客。その人波に押されながら改札口を抜け、高い駅舎の天井を見上げる。外に出ると、初めて見る東京の街が目に飛び込んでくる。行き交う人々。立ち並ぶ建物。片田舎から出てきた若者にとってまるで別の世界だ。

混雑を掻き分けながら上野停車場で市電に乗る。万世橋、飯田橋で乗り換え、石切橋で下車。住所を頼りに、恩師・岸本能武太が住む小日向台町に向かう。やっと辿り着いた岸本の屋敷は木造二階建て。玄関前にはシュロの木が立ち、こんもりとした樹木に覆われている。いかにも大学教授らしい佇まいだ。

来訪を手紙で知らせてはいたが気後れして、恐る恐る玄関のベルを押す。

「まあ、まあ、ようこそ。どうぞ中へ」

夫人に案内されて入った書斎で岸本が待っていた。初めての対面。緊張で直立不動となる。本棚には英語の原書がずらりと並んでいる。

「遠い福島からよく来たね。まあ、座りたまえ。気楽に」

以前から手紙の交換を何度もしていただけに旧知の仲。学歴もなく学究心だけに燃える、この若者を研究者に育てたい、と岸本は思う。

海のものとも山のものとも分からないこの青年は、ゆくゆく大正期の論客の一人に成長していく。岸本は、生涯を通じて陰に陽に支える精神的支柱となった。

後に、妻の次子が言ったことがある。

「あなた、岸本先生を粗末にしたり、忘れたりしてはなりませんよ。あなたの草鞋脱ぎ場ですもの」

師弟の出会い。隈畔の第二の人生は、こうして始まった。


学僕として岸本宅に居候すること一週間。今後の東京生活について種々相談しながら、落ち着き先の下宿も探す。準備のため、一旦郷里に戻るが、夏休みが終わり新学期が始まる九月初め、再び上京。本郷区富士前町の下宿に居を定めた。この年、啄木もまた上京。与謝野宅に居候した後、同じ本郷区の菊坂町赤心館に寄宿している。

田舎での野良仕事から解放され学問一筋の日々。来る日も来る日も哲学書を読み耽った。英語とドイツ語の語学も始めた。英文で岸本に手紙を出す。岸本は朱筆を入れ返信。その上達ぶりを褒めた。長年、叶えられなかった勉学の夢。それが現実となった。充実感で胸が一杯になった。

秋口、東洋大学に聴講生として滑り込む。

正門を入ると、創立者・井上円了の号から取った「甫水の森」のこんもりとした緑が日に輝く。前身は「哲学館」。諸学の基礎は哲学にあり、と「資なき人、暇なき人」のために明治二〇年に作られた。

ここから多くの教育者やジャーナリスト、僧侶が巣立った。桑折町の寺の養子である松本悟朗もこの東洋大学に入学。すでに四年生に在籍している。

隈畔は富士前町からほど近い小石川区原町の大学に毎日通った。

東西哲学の講義を受講。深遠な哲学の奥義が聴けるかと期待した。が、内容といえば翻訳書をなぞるだけ。隈畔は独学ですでに読み込んでいる。聴講生として受講しているうちに、少々馬鹿々々しくなった。

失望感の中、学期半ばで聴講を放棄。「大学教育なんていうものは一向につまらないものだ、ということを知った」と『自由を求めて』（京文社刊）に回顧している。

大学での聴講生時代のある日、第一科の哲学講義で在学中の松本と出会う。

「やあ、久しぶり。元気そうだな」

「おお、やっと田舎を脱走したか。講義はどうだ」
「難解な哲学を難解に解説するだけ。面白くない」
「同感だね。いわば観念の遊戯。どうにかしないといけないな」

二人は哲学とは何か、について語り合う。難解な理論は言葉の遊び、と喝破する松本。その言葉通り、後に、一般人向けの平易な会話方式で概論『哲学の話』を日本評論社から刊行している（大正一一年七月）。

明治四二年の年が明けると、本郷区谷中に移転。本格的に「英語、ドイツ語を習得しよう」と、七月初めの暑い盛り、神田錦町の外国語学校・国民英学会の夏期講習会に通学。「カーライルの衣装哲学」等を通し語学を磨きながら、後年、親交を結ぶ哲学者・波多野精一の「スピノザ研究」も読破した。

「食うための労働」拒否

同じ本郷区でも墓地の近くは下宿代が安い。そう聞いて隈畔は、富士前町から谷中に住まいを移した。

生活苦にあえぎながらも「食うための労働」を拒否する、という偏狭な矛盾を抱え込む。常人にはない、その頑なな信念。それはどこから生まれてくるのか。少年時代の労働観が一つのトラウマになっている。


「発破かければ切端がのびる、のびる切端は金と銀」

銀山で朝から晩まで真っ黒になって働く鉱夫。ふんどし一本の男達がジャガイモのように湯舟につかって歌う。「はだからんば」と呼ぶ飯場に一斉に駆け寄る。目に映ずる、その姿は餌を求める野獣のように見える。

「この人たちは、一体何のために働いているのか」


不思議で仕方がない。隈畔は言う。「自分はカンテラを下げて気味の悪い坑道に入ったことはない。鉱山内の鉄工場に雇われたこともない」。その労苦も動機も分からず、ただ「食うための労働」「労働のための労働」にしか見えない。

その男達だけではない。子供ながらに弱い体で、辛い農作業を強いられる。汗水たらして働くだけ働く自分も同じだった、と思う。

人間は何のために働くのか。

生きるために働くのか。働くために生きるのか。

「働く」という営為が畔畔の内面では、哲学的に大きな難問となっている。思想家として「創造のための労働」という自我の象徴に到達するのはずっと後のことである。

日々の暮らしの厳しい現実。葛藤に苦しみながらも「心を殺して、食うために働く」しかない。そう思ったが雇ってくれる知人も当てもない。「人前に出せないような貧弱な履歴書」を懐に、勉学の合間、新聞の求人広告を片手に仕事を探し歩いた。

案の定、青白きインテリ風の男を使うところはない。算盤の苦手な人間に簿記もできない。原書を読めるといっても教師や訳者になることも簡単ではない。残る仕事は肉体労働だが、それは到底無理であった。

学歴なし。資格なし。体力なし。適当な仕事が見つかるはずもなかった。同級生達はすでに悠々と大学に進み、専門の道を歩んでいる。そう思うと自身の境遇の惨めさと焦燥感に苛む。

「たった一人で海に漕ぎ出した自分。荒波に揺れる小舟はどこに向かおうというのか」

孤立感の中、新たな煩悶が大きな口を開けて隈畔を待っていた。

そんな明治四二年七月末、郷里の半田村から妻次子が、突然やってきた。虫の知らせか。やつれた夫の姿に次子は驚く。

「ああ、来てくれたか。ありがとう」

妻の顔を見た瞬間、隈畔の顔に安堵の表情が浮かぶ。久しぶりの手料理。二人は水入らずで夜を過ごす。

生気のない顔をじっと覗き込みながら、次子はしみじみ思う。

〝輿入れして一緒に暮らしたのは一年だけ。夫婦の愛情は後から育つ。親からそう言われたが、夫のことはよく分からない。面長で学者然とした風貌。性格は静かで、体格も農夫に向くとは思われない。村の神童と言われたらしいが、野良仕事も全て上の空。そのくせ、学問を語る時は別人のように生き返る。瞳をきらりと輝かせ、熱っぽく夢を語る。根は純粋な人。そんな夫の力になってあげたい、と私に思わせる。一方、不安がよぎる。思い詰めると、どこに飛んでいくか分からない。女に転ぶか、命を絶つか。そんな危うさを秘め

ている。まっすぐ学問の道を歩ませたい。東京での一人暮らしは無理。私ができるだけ支えになろう〃

谷中の狭い下宿を引き払い、上野公園に近い本郷区湯島の一軒家に夫婦で移り住む。生活を支えるために来た次子。軒先に早速、「裁縫求む」の小さな看板を出す。徐々に近隣の人が古着の縫い返しや洗い張りの仕事を持ってくる。それでも生活費は足りない。

他家に女中奉公に出る。一年程、下町工場の女工としても働く。収入は一カ月でわずか七、八円だ。それでも生活の足しになった。

朝六時に家を出て、夕刻に帰る。残業のある日は帰宅が夜九時を回る。雪の降る朝など、不忍池の細道で足を滑らせる。雨の日には、傘を持った隈畔が切通坂の停車場まで迎えに出た。

片田舎の農家の女が、東京の暮らしになじむのは容易ではない。それでも次子は愚痴一つこぼすことはない。

小春日和の日、二人で散策。コスモスやダリアの花を見ることが唯一の楽しみであった。わずかな蓄えの中、次子が『ウェブスター辞典』を買って夫に贈った。

隈畔は嬉しさのあまり思わず妻に接吻をした。そのエピソードが後に、論壇の仲間内で語り継がれた、という。夫の将来に夢を託し黙々と働く糟糠の妻。少女のように無邪気にはしゃぐ。その笑顔を見ながら、いじらしさが身に染みる。

働き過ぎか、一年程経って、疲労から妻が体を壊す。このままでは共倒れになるしかない。やむなく次子が郷里の福島に帰る。一人取り残された部屋で寂寥感に襲われる隈畔。悔し涙がとめどもなく頬を伝う。明治四三年夏のことである。

ユニテリアン協会の人脈

苦悶に身を焼くある日、何気なく本郷区の教会に立ち寄ったことがあった。キリスト教との初めての触れ合いである。

牧師は言った。

「人間は熱涙溢れるほどの煩悶がなければ、神の偉大さを感じることはできない」

その言葉に心が打たれ、なぜか涙が溢れた。声をあげて泣いた。青年の号泣に周囲の人々が驚く。

「君よ泣くな！　明日、僕の所に来たまえ」

慈父の如く優しく慰める牧師。〝身は千尋の谷底に落ちし如く、骨痺《しび》れ、肉慄《ふる》い、足も力なげに〟その日一人、誰も居ない我が家へと帰った。


また、別の日、午後三時頃だったか。上野公園をぶらぶらと散策。桜並木の下に人が大勢集まっている。聴衆に一人の青年が声を限りに説教。神の道を説く。群衆に配るビラ。その一枚を手に入れて読む。そこにこう記されてあった。

「目あれど見えず！　耳あれど聴かず！」

その一句が全身を射抜く。

〝人は、何のために生きているのか。それが分からず悩み、苦しみ、悶える。それは目と耳とを閉ざしているからだ〟


この世に人は、皆同じ人間として生まれて出でた。にもかかわらず、人には歴然と差がある。貧者の家に生まれるか、富者の家に生まれるか。生まれた子にそれを選ぶ権利も余地もない。ならば、人生もまた然り、か。否。貧しき者が勝者になることも、富める者が敗者になることもある。それは、自身の意志と努力で人生を変える力が人間に内包していることを意味する。にもかかわらず、人は運命という巨大な濁流に打ち砕かれる。それでもなお、人は生きねばならない。生きて、自らに内在するはずの活力を見出ださなければならない。生まれ出づる悩み、社会的迫害からの解放は、自我に目を閉じるか、目を開くか、にかかっている――。

自分に襲いかかる煩悶の暗闇。その見えない闇をどう晴らすか。隈畔は、柵の鎖にもたれかかったまま、しばらくその場で肩を震わせて泣いた。

〝骨肉寸断され、万丈の絶壁より突き落とされ、なお谷底に敗残の体躯を横たえる柔らかな芝生あり。吾人はその大実在の力を信じ、新たなる活力と喜びと望みを得る空前の覚悟を有す〟（「否定より肯定へ」六合雑誌）

「生命の根底にある実在」―その無限なる真実への憧憬。隈畔の自我の哲学への目覚めを垣間見せる。そんな精神遍歴の中、キリスト教と縁を結ぶ。

明治四四年の夏。

人間の苦悩と迫害について思索を凝らしていた頃、岸本の勧めで芝区三田にある日本ユニテリアン弘道会を訪問する。

高層二階建て。入母屋風の屋根に洋風の壁。車寄せの正面玄関は御殿風という和洋折衷の教会だ。寺社や城の館にも見える。イギリスの建築家・ジョサイア・コンドルが設計。「東西宗教文化の融合」を象徴する施設で、「惟一館」と呼ばれた。

弘道会とは日本における自由キリスト教会。その拠点である惟一館には、礼拝室や集会所、機関誌「六合雑誌」の事務室等がある。玄関を入ると壁に「キリスト」の他「ソクラテス」「釈迦」「孔子」の四大聖人の画像が掲げられ、東西哲学の〝知の砦〟を思わせた。

そこで、編集責任者の内ヶ崎作三郎と会う。教会の主要メンバーである岸本の紹介であった。内ヶ崎は、岸本の友人で共に早稲田大学教授。キリスト教精神で護憲を目指す開明派の一人だ。宮城県富谷町の生まれ。隈畔と同じ東北出身と聞き、緊張の糸もほぐれた。

「やあやあ、福島の野村君か。伊達の半田村といえば、宮城の越河峠を越えた隣村だ。私も東北人。兄弟みたいなものだ。気楽にしたまえ！」

英国から帰国したばかりの内ヶ崎は、短い口髭を生やす丸顔の人物。気さくで飾り気がない。七つ年長だが、岸本の、どこか近寄り難い謹厳さとは対照的で如才がない。

隈畔が論文「社会的同情心」を執筆中であることを告げると「早速八月号に載せよう」と言う。

この出会いが縁で、内ヶ崎は生涯、隈畔にとって論壇での頼りがいのある先輩となる。

半年後の翌明治四五年二月四日、隈畔は岸本の勧めで自由キリスト教・ユニテリアンの洗礼を受ける。牧師は内ヶ崎。この時、二六人が新しい信徒となった。

〝漕げや、救いの船を　試みの波荒れて　悲しみの声高し〟

法礼式が終わり、祝福の演説。岸本を始め、慶應義塾教授・向井軍治、早稲田大学教授・永井柳太郎、米国の牧師・クレイ・マッコーレイが演壇に立つ。

食堂で昼食会。ジャーナリストの小山東助、東京帝国大学教授・相原一郎介、牧師の武田芳三郎等も演説を打つ。

顎に白い髭を伸ばす向井は、ドイツ語学者。短髪で眼光鋭い小山は、宮城県の旧制仙台第二高等学校出身。同じ宮城出身で、後に民本主義者となる吉野作造や当の内ヶ崎等、同窓の仲間と同人雑誌を刊行。新聞の論説記者でもある。

そうそうたる先達との知遇。論壇とは何の縁も持てなかった隈畔にとって、刮目すべき出会いの場となった。

一人一人の力強い弁舌は砂に水が染み込むように胸に響く。生活苦と社会への反発。その闇に光が差し込む。嬉しさが込み上げる。

この時の感慨をこう綴っている。

「深き喜びの握手の礼を交わす。この握手は実に将来奮闘の生活を共にする強き法の結びである」（同）

この時、隈畔と同時に洗礼を受けた面々は、加藤一夫、吉田絃二郎、一條忠衛、小川未明等。皆、二〇代の新進気鋭の若者だ。それぞれが自身の専門分野でやがて名をなす。

加藤は民衆派詩人でトルストイ翻訳家。吉田はタゴールやヴィクトル・ユゴーに傾倒する戯曲家。一條は婦人論、父性論の論客。小川は小説家で児童文学者となった。

惟一館での礼拝や例会が終わると、決まって皆で銀座に繰り出す。

三田駅から市電に乗り日比谷駅で降りると、「カフェ・パウリスタ」に向かった。前年の一二月、日本初の喫茶店「カフェ・プランタン」に次いでオープンしたばかり。「プランタン」は会員制で会費が五〇銭と高額。若い四人には敷居が高い。それに比べ「パウリスタ」は庶民向け。手軽に本場ブラジルのコーヒーが飲めた。

白亜三階建ての洋館。大理石のテーブル、ロココ調の椅子で一杯五銭と安い。「ブラジル移民の父」と言われた水野龍が開店。菊池寛や芥川龍之介、正宗白鳥、与謝野晶子等も出入りし、文化人達のたまり場となった。

隈畔等、若手の面々もここに集まっては文化論、哲学論、政治論を交わした。談論風発の鍛えの青春を謳歌。キリスト教信仰で出会った若き精鋭達は、その後、互いに深い友情の絆を結んでいく。

『六合雑誌』に執筆

この時期、日本のキリスト教会は揺れに揺れる。

正統派キリスト教に対峙する自由キリスト教。その宗派がユニテリアン、普及福音協会、ユニバーサリストの三派に分かれる。

正統派は、「父なる神」「子なる神」「聖霊の神」の「三位一体」の神を信仰。「子なる神」のキリストは、人間の原罪を背負い十字架の死を遂げた、と説く。

自由キリスト教派はこの「三位一体」説を否定。神の「三重性」を排除し「唯一性」を主張する。中でもユニテリアンは、キリストは「神の体現者」ではあるが「神」自身ではない。あくまで生身の人間として生きた。そこに〝神性〟ではなく〝人性〟いわば最高位の人格的実在を認める。

人間の正義と良心に生きることが神の意志であり、信仰の魂である。教条的な教会主義からの脱却。自由と博愛の精神。その合理的で普遍的な価値観が知識人の間で強く支持される。人道的なキリスト教社会主義もそこから誕生。人民救済を旗印とする社会運動が急速に広がっていく。

一方、キリスト教と儒教を融合させた日本的キリスト教も派生。「日本協会」が結成され日本主義、国家主義の流れも現れた。こうした多様な思想が林立する中、大正デモクラシーの百花繚乱の幕が切って落とされる。

自由キリスト教を標榜する日本ユニテリアン協会は、米国から帰国した岸本や安部が設立。その運営を担う弘道会が機関誌「宗教」と合併し『六合雑誌』を創刊する。「六合」とは、「天」と「地」「東西南北」の六方を指し「宇宙」を表現している、という。執筆陣も多彩。岸本能武太、安部磯雄、内ヶ崎作三郎、帆足理一郎、新渡戸稲造、小山東助、与謝野晶子、茅原華山、市川房枝、姉崎正治、土井晩翠等、名だたる論客が顔を揃える。隈畔も明治四四年、論文「社会的同情心」で論壇にデビュー。以来、執筆陣の一人として毎号のように論文を発表する。

明治四五年（大正元年）には「吾人は深刻なる自覚を促す」「否定より肯定へ」「自覚と労作的精神」等八本を執筆。更に「最近の哲学と個性問題」「直覚と理性」「流転思想と東洋哲学」等一二本（同二年）「創造の世界」「カントよりベルグソンへ」「剣か貢蘭か」等六本（同三年）、「自我の問題に就いて」等七本（同四年）と、『六合雑誌』を舞台にした精力的な執筆活動は、目を見張るようであった。

『六合雑誌の研究』（同志社大学人文科学研究所編）によれば、大正元年から九年までの主な執筆者の掲載回数は、内ヶ崎作三郎、吉田絃二郎、一條忠衛、三並良が五〇回以上、帆足理一郎、安部磯雄、鈴木文治等が三〇回以上、岸本能武太、土井晩翠、吉野作造、永井柳太郎等が一〇回以上。隈畔もまたこの間、五〇回以上の掲載数を誇る。

実際、明治四四年から大正八年まで、総計七三本の原稿を発表している。

苦節一〇年。半田村の百姓時代、上京後の単身時代と、煩悶の中で積み重ねてきた独学と思索の結晶が一挙に開花した。

「思う存分書いてくれたまえ」

内ヶ崎や岸本の心強いバックアップ。統一教会で得た多彩な人脈。その思いがけない縁が、隈畔にとって念願であった論壇進出の分水嶺となった。

ユニテリアンの一員として多くの友人を得た喜びと共に、隈畔にはもう一つの嬉しい出来事があった。次子から届いた妊娠の知らせである。明治四五年一月のことであった。

「自分が父親になる」との実感。その自立心の芽生えは、いやが上にも隈畔を奮い立たせる。

一一月、無事女の子が生まれる。名前を美代子と付ける。この年の七月、元号が「大正」となる。その新しい代に美しく咲け、との思いを込める。

第三章　新しい思想誌『第三帝国』

激動の「大正」が幕開け

明治四五年七月三〇日午前零時四三分、明治天皇が崩御した。

漱石は「こころ」で「先生」にこう言わせている。〝明治の精神が天皇に始まって天皇に終わった。…その号砲は明治が永久に去った報知の如く聞こえた〟

臨終が告げられると、直ちに午前一時に践祚式《せんそしき》。皇太子の嘉仁親王が新天皇に即位した。

「一世一元の制」に基づき新元号を詮議。枢密院に諸案が諮問された。

「大政」「称徳」「天興」「興化」──。最終的には「大正」と決まった。中国「易経」の「大いに亨《とお》りて以て正しきは天の道なり」の文が典拠となった。

大正天皇の誕生である。

幕末維新の動乱から四五年。文明開化の産みの苦しみの中で、本格的な近代国家への脱皮が始まる。その一つの時代の決定的な終焉は同時に、新しい時代の到来を告げるものとなった。万朝報は三日目の八月一日、一面トップの社説「言論」で高らかに祝う。

「大正とは何をいうか。大は一人で上御一人。正は上より見れば下という字。下より見れば上という字。大正は畢竟《ひっきょう》、正の一字に帰し、上は以て下に向い、下は以て上に向い、上下一致してはじめて大亨《たいきょう》以て天の道を正すことができるという理想的な元号だ。我々新人は、最早明治の人ではない。大正の人だ。我々の舞台は大正である」

新時代への高ぶった期待感が溢れる。更に「言論」は言う。

「大正の新なる御代において、武士道、軍人政治というものあらば、我々は決して之を許してはおかぬ」

元老や藩閥を「明治の遺物」と断じ痛烈に批判。

「政を正し、天皇中心の民本主義の政治を開かなければならぬ。政は正なり。正は君民一致なり。我々は大いに正さねばならぬ」

苛烈な気炎を吐く執筆者の名はそこにはない。が、その筆致から万朝報の論客・茅原華山の執筆であることは誰の目にも明らかであった。

「言論」の指摘通り、「大喪の礼」が終わると、権力の空白を狙うように藩閥と軍部が激しい政争を起こす。大正政変の勃発である。

一二月、朝鮮派遣の陸軍師団の増強を巡って攻防。西園寺内閣が瓦解した。発足した桂内閣は陸軍と結託。これに、政友会の尾崎行雄、国民党の犬養毅等が激しく反発した。経済界、ジャーナリズムも同調。政局混乱の中、国会は休会し、翌大正二年一月、憲政擁護大会が盛大に開催される。

護憲運動は、全国に拡大。これを抑え込もうと、桂太郎が「天皇の詔勅」を利用し多数派工作に走る。

「天皇を悪用する暴挙だ！」

政友会が内閣弾劾の緊急動議。日比谷の議会周辺にはデモ隊が殺到する。警官と衝突。政府寄りの「都新聞」「国民新聞」「報知新聞」「読売新聞」等の社屋を襲撃する。群衆が暴徒化。八六カ所の交番を焼き討ちした。

この暴動で五三人の死傷者が出る。大惨事である。

二月一一日、わずか五三日の短期間で桂内閣は崩壊。大正政変は、藩閥政治に止めを刺し、民衆運動による新たな政党政治の始まりを告げる狼煙となった。

大正が開幕し、時代は大きな変化を見せる。政界だけではなく、それは思想界にも波及した。

羅針盤なき漂流者であった隈畔にとっても、明治の終幕はそのまま、悩み多き「青春の門」との決別であり、言論人としての出発ともなった。

「自分を苦しめてきた苦悩の正体とは何であったのか」

煩悶とは、理想と現実の衝突から生まれる。現実を逃れ理想に生きるか。理想を捨て現実に首を垂れるか。その理想主義と現実主義の間で、思想界は混迷。激しい論争を続けてきた。

鎖国から開国へ。明治以降、西洋の文化が津波の如く日本に押し寄せた。科学技術や哲学思想が一挙に流入。家父長制による古い帰属主義は完膚なきまで崩壊する。価値観の転換という奔流。その中でかき消される「唯心論」や「浪漫主義」。夢を追う超自然的なものへの憧れは、実体なき幻想として批判され廃れていく。

それに代わって科学を万能とする「自然主義」が台頭する。偶然や曖昧さを認めない因果律の世界観。そこでは一切が平等化され物質化される。目に見える現象だけが全てである。それ以外に真実の世界はない。

文学界でも、その科学的精神から、現実の虚実そのものを容赦なくえぐり出す。小説でも人間の実態を赤裸々に描いた。島崎藤村の『破戒』や田山花袋の『蒲団』に注目が集まる。岩野泡鳴も自らの放埒な女性関係を次々と小説化した。

人間の生々しい欲望を露骨に描写する「自然主義」。そこに文学性はない、と「反自然主義」も起こる。

理性的に物事を見る新現実主義の芥川龍之介。利より美を追求する耽美派の永井荷風、谷崎潤一郎。広い視野に立つ余裕派の夏目漱石。俗を離れ理想を求める高踏派の森鷗外。人道主義・白樺派の武者小路実篤、志賀直哉、有島武郎等。それぞれが多彩な表現の世界を広げていく。

一方、虐げられた労働者の現実を描く一群の作家達も現れた。宮嶋資夫、宮地嘉六や金子洋文等が「大正労働文学」の流れをつくる。昭和に入ると、人民解放を唱えるプロレタリア文学が台頭。小林多喜二等の新進作家が活躍した。

隈畔はどう考えていたか。「吾人は深刻なる自覚を欲す」(『六合雑誌』明治四五年二月号)に書く。

「人生とは、絶対的な価値の探求から生涯離れられない」。故に、人間は苦痛から終生、逃れることはできない。常に、矛盾という罠に拘束される。それは避け難い「事実」である。だが、その事実のみを「真実」とし、それ以外は全て「幻想」であるとすることは誤りである。

理想を求める努力。それは決して幻想なのではなく、それ自体が「偉大な事実」である、と客観的物質論を優先する自然主義を批判。

「真理探究の方法」を創造しようとする欲求は先天的な「人間の本性」である。理想と現実との間にある「不断の闘争」。そこに「真実」があり、「全人格の円満な喜悦」もある、と喝破する。

理想にのみ生きることでも、現実のみに生きることでもない。両者の融合を模索する間断なき戦い。その根本的な欲求としての「自我への自覚」を促す。

更に隈畔は「自覚と労作的精神」（同六月号）で論究を更に進める。

孔子、ヨハネ、カーライル、ニーチェの思想を比較。人間の本性に一貫して流れる「宇宙的大精神」を探り当てる。

永劫に進化する大宇宙。そこには「無限の能力」と「絶対の自由」が存在する。故に、人間は先天的に創造と愛育という「労作の精神」を宿している。

その自覚と努力によってこそ「絶対の自由と価値」を獲得することができる。


〝宇宙即我、我即宇宙〟の世界観に立つ能動的な自我論。隈畔の、この思想的な進化は、後に「絶対自由の自我の実在」へと向かう萌芽となる。


かつてキリスト信仰に入る以前の日誌に、こう綴っている。

「日の神よ、汝は生々の神なり、しばらくも休むことあらず、見よ、地上の子等は汝の力によって、よくその性を傷むことなし、汝は大なる者にも、小なる者にも、強き者にも、弱き者にも、又賢き者にも、愚かなる者にも、均しく汝の力を与えてその生命を全からしむ。ああ、汝の愛と力と徳とは限りなきかな」（「否定より肯定へ」同四月号）

無限なるものへの憧憬。生命への尽きせぬ慈しみがそこにある。

隈畔がキリスト教に帰依した動機も、「神」への信仰というより、神に象徴される「宇宙的大精神」への覚醒、いわば人間を超えた力強く美しい永遠性の概念をそこに求めた故でもあった。

隈畔はやがてそのキリスト教会から離れる。洗礼を受けて一年程後のことである。
「今度、教会と縁を切ってますます孤独になったよ」（大正二年四月三〇日）
親友の松本に手紙でそう告白している。自由キリスト教といっても、あくまで神を信仰の対象とする教会が母体だ。その教会という籠の中から鳥は飛び出せるのか。神の中に永劫の世界を見い出そうとする隈畔は、教会信仰に次第に魅力を見出せなくなる。心に広がる失望と意識のズレ。それが離反の一因でもあった。

古き神は死んだ

明治天皇という天蓋を失った日本。

その虚脱感と混乱の中で、次の時代への模索が始まった。既成の概念からの脱却。新しい価値観への希求。変革の時代が常にそうであったように、青年の熱と力がそのマグマとなっていく。

「古き神、既に死して、新しき神、未だ生まれず、若し新しき神生まれずば、我れ自ら新しき神を造るまでだ」

論客・茅原華山は大正元年一一月、万朝報社説「言論」に「新唯心論」（上・中・下）を発表。多くの青年がこの歯切れの良い論調に反応した。

隈畔もその一人。早速、友人の松本と会う。

「古い神とは、これまでの陳腐な思想を指している。それを捨てよ、と氏は言う」

「捨てるだけではあるまい。新しい思想を打ち立てよ、と」

「ニーチェは確かに『神は疑いもなく死せり』と言っている。神が死んだらどうするか。新しい神を造るしかない。新しい自己を創造せよ、ということだ」

「新しい思想を生み出すには、言論の舞台が必要となる。それは雑誌しかあるまい。是非、華山氏を担いで新しい言論誌を創ろうじゃないか」

二人は、新雑誌の創刊に向けて走り出す。

時を同じくして、東洋大学で華山が「新唯心論」をテーマに講演。講堂は青年で満杯となった。羽織に袴姿。端然とした風貌。当世随一の名文家として知られる論客を大拍手で迎える。ウェーブのかかった髪。丸い眼鏡の奥には隙のない目が光る。

少年時代は吃音だったという。その名残か。時折、声を詰まらせ、吐く言葉は漢文調で強い。話はざっくばらん。人を引き付ける。〝舌の人、必ずしも筆の人少なし〟との通説を覆し、〝筆の人また舌の人〟と評された。

華山は明治三年、東京牛込区に生まれた。父の死で小学校を退学。正規の学歴はない。漢学、英学もほとんど独学だ。二三歳の時、仙台に向かい改進党系の新聞「東北日報」に記者として入社。「藩閥政治から自由政治へ」と健筆を揮う。以後、自由党系の「山形自由新聞」主筆で活躍。「私の仙台時代は、読書、信仰、瞑想の時代であった」と、後に回想した果敢な二〇代。その多くを東北の地で過ごした。仙台・元寺小路教会でキリスト教の洗礼を受けることもあった。その中で、中央から蔑視された奥州の歴史に目を向ける。

ある真夏の日、仙台の市中を蛇行する広瀬川を渡り、小高い経ヶ峰に登る。川向かいの仙台藩の居城を臨み、幕末の動乱に思いを馳せる。けたたましい蟬の声。鬱蒼とした森の一角。伊達政宗の霊廟・瑞鳳殿の奥に進むと戊辰の乱で殉死した藩士達の「弔魂碑」が立つ。

明治一〇年に建立。碑文には「白河、小名浜、二本松、本宮、棚倉、三春、相馬、秋田等、各地で新政府軍と合戦し命を落とした藩士一二六〇名の霊を慰める」と刻まれている。

徳川幕府を倒し、王政復古を果たした薩長軍。慶応四年、江戸城の無血開城後、抵抗する会津藩の追討令を発布する。「奥州は皆敵！」とばかりに東北征伐に乗り出す。

その強権的な侵略が、奥州各藩に怒りの火をつける。

「朝令を侮る愚か者！」と奥州を罵倒する薩長。兵士までもが「竹ニ雀ヲ袋ニ入レテ、後デオイラノ物ニスル」と歌って街を練り歩った、という。自尊心を土足で踏みにじられた者の反発は強い。全東北が一丸となって立ち上がる。

仙台藩（伊達慶邦）六二万石、米沢藩（上杉斉憲）一五万石を始め、盛岡、秋田、弘前、二本松、新庄、八戸、三春、福島藩等が結束。これに、北越の六藩が加わり、奥州越列藩同盟が結成される。会津・庄内同盟二藩も含め、その勢力は、総勢三一藩二六〇万石の大勢力となる。

大同団結した奥州越同盟は、薩長連合の新政府に対峙。朝廷の輪王寺宮を盟主に迎え、北方新政府を樹立しようと決起した。

「和は天下を治める要法なり」

和を以て上下の一致を図ろうとする本格的な政権構想を起草。政策の立案・施行を担う公議府を設置した。軍事局、最高決議機関を制度化。言論の自由、賄賂の禁止、賞罰の明確化も謳った。

東北の人々は言う。

「我々は官軍を西軍と言う。官軍と言えば我々は賊軍になる。我々は賊軍ではない」

薩長の「西日本政権」。奥州の「東日本政権」。外国の公使は「日本に二人の帝（みかど）。北方が優勢」と本国に伝達。奥州が図った日本変革の大戦略は世界にも伝わっていく。それは、不当な差別に耐えてきた東北人の「魂の解放」宣言でもあった。

権力と向き合う反骨の気概。華山は戊辰の碑の前に立ち、時代に埋もれた声に耳を澄ます。華山自身、薩長に敗れた幕臣の子。薩長と最後まで戦った東北の人々とは心情的には同根である。その燃える心に共感を覚える。東北日報や山形自由新聞、秋田魁新報にその思いを論文として載せる。

「薩長の藩閥政治に多少の敵意を持て！」

「進歩主義の平民政治を！」

「東北人士はその先頭に立つべし！」

その火花を散らすような論説は「東北大勢論」の刊行として結実。共感した仙台の一力健治郎が「河北新報」を創設する一つの契機にもなった。
華山はその後、「日刊人民」「長野新聞」を経て「万朝報」に入社。内村、堺、幸徳が退社した後の花形記者として名声を博する。

大正元年秋、隈畔と松本は、この華山に東洋大学講演後、初めて会う。若い二人は共に福島出身。華山が強い期待を寄せる「東北人士」の面々だ。華山の話は弾む。

「私は若い時に、一介の記者として東北の各地を回った。たくさんの人々に会った。論文にも『日本人民の中で最も王化にうるおわざる辺境の地・東北に、弱者も自立して生きられる近代化を』と訴えたものだ。差別に対する抵抗の精神。その民衆の魂が、権力と戦う武器になる。君等のような若い東北人士が是非、日本を変える先頭に立つべきだ」

「先生、そのためにも時代を創造する新しい思想を築きたい。その拠点となる新雑誌の創刊が不可欠です。是非、ご賛同願いたい」
若者のほとばしるような熱意。進取の気概。それが華山には嬉しい。
「大賛成だ。ただ雑誌は創ればよいものではない。先進性と持続が不可欠。熟慮を要する。しばらく僕に預けてくれ」

白熱する創刊の息吹

実は、この三カ月前の八月初旬、やはり「世の覚醒を促す新雑誌を創りたい」と言ってきた青年がいた。秋田の石田友治である。

秋田県土崎港に生まれた石田は、三一歳。高等小学校の後、レールを走るテト馬車で中学に通う。脚気で中退。カーライルの『英雄論』等、東西の書物を読破する、やはり独学の煩悶青年であった。

弘前の野砲兵八連隊を除隊。懊悩の末、秋田市四丁目のキリスト教会で洗礼を受ける。東京の聖学院神学科を卒業した後、横手で牧師に就任。伝道活動の中で社会意識に目覚め、秋田魁新報の記者となった。その三年目に、万朝報の黒岩涙香と共に秋田に来訪した茅原華山と出会う。

「神は死んだ。新しい神を造らねばならぬ」。その華山の「新唯心論」に石田もまた感動する。大正元年九月「大喪の礼」の取材で上京。京橋・弓町の万朝報社屋を訪問し、久しぶりの再会を果たす。そこで「新雑誌発刊」への協力を切り出した。

期せずして三人の若い「東北人士」達から、時代変革の言論誌創刊の要請を受けた。「これは真剣に考えねば」と華山も思案する。この三本の矢がやがて、新雑誌『第三帝国』創刊という的に放たれていく。

世に横行する唯物論や自然主義。賢人も愚人もない。優も劣もない。善も悪も入り乱れての、生の事実だけが存在する。そんな個性の輝きを失った人間社会でよいのか。それが華山の切実な問題提起であった。

華山は「諸君」と呼びかける。

〝努力も奮闘も無用となれば、その先に希望はなく、絶望しかない。生を否定する外ないとなれば、我々は死か堕落しかない。ここに至って古い神は死せざるをえない。理想は剝落せざるをえない。古い幻影は消滅せざるをえないではないか〟(「万朝報」大正元年一一月三〇日「言論」)

人が科学を造った。その科学に人が圧迫された。人間は、客観的には因果律に則る平等な存在ではあるが、主観的には自由意志を持つ個性的な存在だ。

　華山は更に言う。

〝無始無終の宇宙にあって、何物が最も分明か。それは我れである。その個性の存在のみが事実である。人生観は我れより始まり我れで終わる。我れは一つの生命である。その個性の限りなき連続が宇宙であり、個性が益進するところに生存競争があり大調和がある〟

（同二八日）

　個性中心の人間主義。その益進主義が「新唯心論」の核心であった。論理的とは言えないまでも、散文調の明快な言説は、悩める青年達を鼓舞した。

　大正政変の激動の中、大正二年三月に華山は満州、朝鮮への旅に出る。

　四カ月間の視察。帰るのは夏になる。雑誌創刊を目指す隈畔、松本と石田の三人は、華山の帰国を待つしかない。

　隈畔は四月、松本に手紙を送る。

「華山氏が帰るまで一縷の望みをかけているが、是だって何だか分からないよ。ああ、恐ろしい夏！」

不安と焦りが交錯する。

華山は六月に帰国した。

その翌月、早速雑誌発刊を目指す四人は、打ち合わせを開始。隈畔と松本は、「新公論」の編集者となっていた石田と初めて顔を合わせる。互いに同じ東北の出身。すぐに打ち解けた。雑誌の理念、名称、発行所、運営資金と、課題は山積み。「創刊四人組」の議論は白熱した。

石田は今まで温めてきた構想を提案。着想は、ノルウェーの劇作家イプセンの史劇「皇帝とガリラヤ人」にある。中世キリスト教思想は「霊の文明」、近世ギリシャ思想は「肉の文明」。それを第一の文明、第二の文明とし、「霊肉一致の文明」として「第三の文明」の建設を、と神学者マキシモスが説く。

「これまで、その『新理想論』を私も論説に書いてきた。新しい人間本位の第三文明を築く、という意味で、新雑誌名は『第三帝国』でどうか」

「それはいい。新雑誌の理念にぴったりだね」

物質論を超える「新唯心論」を主張する華山は、即座に賛同。名称が決まった。

準備は着々と進み、運営は、主盟が華山、発行・編集人が石田、印刷人が隈畔。発行所は、益進会（牛込区砂土原町三丁目八番地）。経営は、山縣悌三郎の「内外出版協会」（本郷区巣鴨町上駒込一九番地）が担うことになった。

当初の資金は、華山が保証金一〇〇〇円、石田と隈畔が創業・編集費を共同で出資。紙代、印刷費、広告代は内外出版協会が負担する。雑誌の定価は一部一〇銭。月刊で、軌道に乗れば月二回刊とする。執筆陣は左右の分野を問わず、新人を発掘。地方の青年を登場させる方針も固まった。

雑誌の編集記事は「巻頭論説」が華山、「思潮評論」が隈畔、「社会評論」が松本、「政治評論」は後から加わった鈴木正吾、「編集者より」は石田が担当することになった。

早速、華山は万朝報「言論」に「第三帝国論」を発表する。

「我々は今、長い長いトンネルの真中にある。人は到底、暗黒の中には生きられぬ。光を求めんと唯、進めばよい。そこには新たな世界がある。そこにあるものは、維新までの第一帝国ではない。明治までの第二帝国でもない。我々が住むに堪う る第三帝国である」

人気ジャーナリストの論考である。一挙に注目が集まる。

その夏の七月、東京に憧れる隈畔の弟・豊吉が半田村から上京。氷屋をやる、と言うので湯島町から下谷区真島町に移転。二人で共同生活を始める。幼い頃、畦道で小兎のように泣いた兄弟。仲のよい二人の暮らしは四カ月ほど続いた。

雑誌創刊の準備で忙殺される隈畔。ほとんど家には帰れない。やむなく弟と離れ、雑誌発行所がある砂土原町に転居。豊吉はその後、五年間東京で奮闘したが、現実はそう甘くはない。挫折して大正七年、北海道に渡る。木箇工場で働き、やがて警察官となる。隈畔は弟を細々と手紙で励まし面倒を見ている。兄弟の情は厚い。

反響呼ぶ執筆陣

大正二年一〇月一〇日、遂に新しいオピニオン誌としての雑誌『第三帝国』が創刊される。A四判より大きめの表紙には、ギリシャ人の彫像と太陽があしらわれた。世界を照らす新文明を象徴している。

第一号を飾った執筆陣もそうそうたるメンバーが顔を揃えた。
学者では、大学教授の浮田和民、永井潜、高田早苗、安部磯雄、内ヶ崎作三郎。政治家では、政友会の尾崎行雄、国民党の犬養毅。女性では、「青鞜社」の平塚らいてう、伊藤野枝、「新真婦人の会」の西川文子。文学界では、劇作家・島村抱月、小説家・伊藤銀月、歌人・相馬御風等々。

隈畔の人脈から、小川未明、加藤一夫、向軍治等も登場。社会主義者・堺利彦、大杉栄、西川光二郎、歌人・与謝野晶子等も原稿を寄せる。
まさに多士済々。当時の主要な言論誌『六合雑誌』（明治一三年創刊）、『太陽』（明治二八年創刊）、『中央公論』（明治三二年創刊）、『雄弁』（明治四三年創刊）にも引けを取らない充実ぶりであった。

東京の各紙も『第三帝国』の創刊を報道。好意的な論評を書く。
「筆を執る者、皆現代の名士にて実力のある人々なり」（東京朝日新聞）
「近頃になき誠実公平なる雑誌」（報知新聞）
「極めて自由なる言論や思想を以て埋められ充実」（読売新聞）

「引き締まったキビキビした編集振りが気持ちよい」（時事新報）

地方紙も期待を寄せる。福島の会津日報は「最も新しい最も剛健なる思想に接せんとする者は、壮者老者を問わず須らく本誌を見よ」と推奨。

北海タイムス、秋田魁新報、大阪時事新報、中国民報、中外日報、九州新聞、琉球新報等、論評は全国五八社にも及んだ。

女性論争を積極的に取り上げる婦女新聞も「松茸の如く続出する商業雑誌と趣を異にしている」と、発刊廃刊を繰り返す出版界に苦言を呈し、新興の雑誌登場に関心を寄せる。

当の創刊メンバーの鼻息も荒い。

「華山氏は『今や我々は血で文章を書かねばならぬ』と言った。予は、身も魂も惜しくはない。予は、この仕事を仕遂げて死なんとぞ思う」「吾人の使命は古きものの破壊である。新しきものの建造である。新時代の新天地を拓いて『第三帝国』を建造せんとする者だ」と気炎を吐く。

野村、松本、鈴木も「現状を打破して新帝国、新理想を建設するのみ」と決意を披歴する。

皆、二〇代から三〇代の血気盛んな気鋭。当代若者の不満と希望を代弁する。彼等は「争って此のいかにも元気のよさそうな」雑誌に身を投じた、と大杉栄も賛辞を送った。読者も増え、発売も好調。初版の二二四〇部から三〇〇〇部、六〇〇〇部と増部。翌大正三年四月の第八号から月二回刊へと発展を見せる。

編集室も手狭となり、砂土原町の益進会事務所に四畳半の小部屋を増築。隈畔は石田と共に神楽坂の家具屋に出かけ、中古の机と椅子四脚を買う。予算はない。テーブルかけや原稿箱もほしいが諦める。

毎月の雑誌編集は、目が回るように忙しい。

「砂土原町に通うのは時間がもったいない」と松本と編集室の近くに部屋を借りる。年が明けた大正三年、二月号を無事校了。刊行も順調に滑り出したことを機に、松本との同居生活に終止符を打つ。

こうした本格的な言論活動を節目に、筆名を「野村善兵衛」から「野村隈畔」に変更。創刊前後の『六合雑誌』一〇月号、『第三帝国』一二月一〇日号から隈畔名で執筆を開始した。

「隈畔」の号は、郷里に流れる阿武隈川の河畔から採った。那須連峰を源流とし、福島県を蛇行。宮城・亘理の河口から太平洋へと流れ込む。全長二三九キロメートルの奥州の大河。逢隈《おおくま》川とも呼ばれた。

逢瀬に通じることから、古来、恋歌に詠まれたみちのくの歌枕。「君が代に　あぶくま河の渡し舟　むかしの夢の　ためしともがな」と詠んだ公家・藤原実泰の歌も残る。近世には、河辺で「御城米」を積んだ船が川を下り、東廻り航路で江戸へと向かった。

農民の汗と涙の結晶を都に運ぶ出発地となった河畔。その岸の界隈が若き日の善兵衛にとって何よりの思索の場であった。風が運ぶ水音、飛び交う雲雀の鳴き声。川原で空を仰ぎ、その悠久の自然に身を置きながら時を忘れて瞑想に耽った。

煩悶の青春から自立へ。その源流となった〝母なる河〟。自身が哲学者になる時は号を「隈畔」に、と心密かに決めていた。


隈畔は、三月一日、近接する牛込区払方町二二番地の宮崎方に転居。雑誌編集や原稿依頼の作業と共に、初めての自著『ベルグソンと現代思潮』発刊に向けて、執筆に取りかかった。

一方で同誌は論客達の論戦の舞台にもなった。

伊藤銀月が「『第三帝国』らしくせよ」と誌上で迫れば、華山が「伊藤銀月君に答う」

を発表。

　小説家・岩野泡鳴の「ふしだらな生活態度」を松本悟朗が追及。「二重生活の是非」を書けば、泡鳴が反論。「三たび二重生活を否定」と応酬する。

　泡鳴は妻子がありながら日光の温泉で芸者と痴情に耽る。それを赤裸々に小説「耽溺」に書く。別の愛人が服毒自殺を図れば「毒薬を飲む女」として小説化する。平塚らいてうが創刊した『青鞜』同人の女性と同棲すると思えば、プルターク「英雄伝」の女性筆記者と関係を結ぶ。俗に言う〝女狂い〟もいいところである。

　そんな自由奔放な自然主義作家に世間の非難が集まっていた。それだけに、誌上での、この二人の論争が関心を呼ぶ。

　一方、隈畔も、教育哲学者・稲毛詛風に論戦を挑む。稲毛が「早稲田文学」に書いた「戦」の一文。

　これに隈畔が噛みつく。稲毛は山形出身で三つ年下の青年。顔は地味で寡黙だが一旦口を開くと熱弁を振るう。好感を懐くが、その言説の甘さに隈畔は我慢がならない。

詛風が言うのはこうだ。

「戦いを厭うものは孤立を求め、回避に堕するものである。一切の生活は、偉大な自我と劣弱な自我との不断の闘いである」

隈畔は『第三帝国』第一一号（大正三年五月）の「思潮の感想」に書く。

「その論理的遊戯に本当にあきあきした」

筆致は容赦なく手厳しい。

詛風は、同第一三号に反論として「野村隈畔君に与う」を載せる。

「『戦』の一文は、血を吐くような経験に即した僕の告白である。一語一句もでっち上げではない。これを『論理的遊戯』の一語で嘲笑するのは甚だしく僭越ではないか」

同じ号に、隈畔も「稲毛詛風君に応う」を掲載。

「わざわざ一文を寄せられたことに感謝する。食物を与えずに、その食物の食い方や味を説明する、要するに核心に触れぬ論説は皆、論理的遊戯である」

「ヘーゲルが戦場にさらした幾万の同胞の血を絞って構成した哲学も、予の現代の要求からみて、全く論理的遊戯と言うに憚らない。我々は、いかに戦うべきかという形（方法論）を知りたくはない。『何者』と戦うべきか。その正体を突き止めたい。敵の恐ろしい顔と筋肉に触れてみたいのである」

「君が告白と言うならば、戦いぶりではなく、実際に戦った『強敵』を示してもらいたい。偉大な自我と劣弱な自我との戦いと言っても、敵を示したことにはならない」

丁度、第一次大戦勃発の直前。世間は好戦的な膨張主義に染まる。その風潮に流され高ぶる感情が先行。詛風は情緒的な理屈に陥る。その甘さを隈畔は鋭く突く。論理的に詰められて、ぐうの音も出ない。

相手を批判する当の隈畔も、実はその「自我の正体」を摑みきっているわけではない。自分自身もまた模索の渦中にあった。

大流行する「ベルグソン哲学」

「自我」とは何か。

明治から大正にかけ、思潮界の最大の関心事であった。人間の本性。その謎を解き明かすことは、哲学的命題である。

最も大きな影響を及ぼしたのはドイツの「カント哲学」。その認識論が主流として哲学界を席巻する。


カントは、人間の実在について膨大な理論体系を構築した。

目の前に存在するあらゆる現象。その現象は「もの自体」（実在）の産物として現れる。その「もの自体」を、人間は認識することができない。認識できるのは目に見える「現象」だけである。

従って、人間が生きる上で不可欠なことは、その「現象」をどう把握するか、ということに尽きる、とカントは説く。認識可能な現象の把握。それが人間活動の全てである、ということになる。

馬車が鉄道に、提灯が電灯に、飛脚が電話に取って代わる。技術革新で活字出版、西洋医療、織機等も飛躍的に普及。いわゆる科学万能の世の到来である。

現実に起こる現象こそが真実である、とする考え方を基礎とするカント哲学。それは、社会風潮の底流となり、人間界のあらゆる事柄が科学の方法論で説明できる、と人々を思わせる。

全てが因果律に帰す、とする「物質至上主義」。素のままの感覚や衝動を重視する「自然主義」。あらゆる人に差別はなく平等であると主張する「社会共産主義」。そうした思想が、政治、文学、社会、生活の隅々に浸透する。

一方、その行き過ぎた現状に反動が起こる。格差への不満がうっ積する。諦観。虚無。社会から除外された人々の間にニヒリズムやペシミズムの悲観論が蔓延する。

そうした混迷を克服しようと、改めて「カントに帰れ」と叫ばれる。新「カント派」の誕生である。

カントが言う通り「もの自体」は実在として「ない」のではなく、厳然として「ある」。人間が見る「リンゴ」は赤い。他の動物は赤には見えない。見えないが、「リンゴ」は

「リンゴ」として「ある」、とカントの認識論を継承する。

問題は、その実在から起こる「現象」をどう見るか、である。現象とは物質現象だけではない。精神現象もある。そこには「真」「善」「美」という多様な価値が生まれる、と「価値の哲学」に導く。それは、人間の文化、芸術、道徳、歴史という広範な人間精神の復活に道を開くものであった。そこから「文化主義」という概念も派生した。

隈畔は新カント派に対し、それでも不満であった。カントが言う「もの自体」を依然として「不可知な、あるもの」として棚上げしている。知りたいのは、まさしくその「存在の主体」である。それを解き明かさず、人間の自我の本性を摑むことはできない、と考える。

「存在」とは何か。

それを明らかにしたのが、フランスの哲学者・ベルグソンであった。ベルグソンは存在を「把握できるもの」と「できないもの」に分けるカント派の二元論には限界がある、とする。その限界を克服し、「直観」という普遍的な方法論を示す。

存在とは、生命そのものである。精神性と物質性という両極の間にあって間断なく持続する動きそのものである。それは、全ての過去から未来に向かって止まることなく連続的に進む。その持続の瞬間瞬間が創造的かつ独創的な瞬間である。
そこには停止も分断もない。変化し連続してやまない流動が「存在」の真相である。その「存在との共感」が「直観」である。その直観とは生命の純粋意志である。人間が真に生きるということは、この絶対的な瞬間瞬間に生きることである。それこそが意志の持続としての「自由なる自我」である、とベルグソンは主張する。

時間的には永遠、空間的には宇宙へと繋がる調和的な不断の生命の脈動。
それを直観することで、人間の無限の「創造」と「発展」と「進化」が可能になる。その創造的進化を説く生き生きとした生命哲学は、「生の哲学」と呼ばれ、閉塞した時代の殻を破る光明として人々に受け止められた。

隈畔が福島から上京した明治四一年、その哲学が日本で初めて紹介された。理論体系を本格的に論じたのは哲学者・西田幾多郎だ。明治四三年、「ベルグソンの哲学的方法論」を著述。人間の根源的な本性として「純粋経験」という独自の概念を開いた。

「人は、純粋な経験の中で自己と世界が一体となる。その自覚によって初めて自己は自己になり、自我が確立される」―その世界観は翌年に「善の研究」（弘道館）として結実。青年達の間で圧倒的な人気を得る。

一方、同じ四三年には、ドイツの哲学者・ショーペンハウアーの訳書も出た。若き日、隈畔が傾倒した宗教哲学者・姉崎正治が翻訳した『意志と現識としての世界』だ。

人間存在の本質は、万有同一の「意志」であり、事物は意志の「現象」に過ぎない。現象には始まりも終わりもある。意志には始まりも終わりもない。それは「一切」であると同時に「無」である、とショーペンハウアーは説く。

ベルグソンの「生の哲学」とは対照的な、いわば「無の哲学」とそれは解された。ニーチェの虚無思想に継承された悲観主義として、当時の日本でベルグソンのような大きな広がりを見せることはなかった。

後年、山形・酒田の出身で東北帝国大学卒の西洋哲学研究者・斎藤信治は、ショーペンハウアーの『自殺について・他四篇』を翻訳。「優れて独創的だが、彼の哲学が我が国の学界において真正面から真剣に問題にせられることはあまりなかった」（岩波文庫）と書いている。

ベルグソンはカントに代わる希望の哲学として、学界や思想界を席巻。明治末期から大正初期、日本でも大流行。一つの思想的事件といってもよいほどに加熱した。明治四三年から大正三年の間に、ベルグソン関連の論文は五〇本にも及んだ。

隈畔もベルグソン哲学に触発された。ニーチェの無の思想と比較し、ベルグソン思想の根本は「生の肯定」にある、とみた。知性と本能のあらゆる束縛を解放し、その跳躍によって「生」を獲得する。「我」とはその「生的な動力」である。それによって「無限の創造」が可能となる。自分が追い求める「自我」が初めてその不可解な姿を見せた、と斬新な生命哲学に共鳴していく。

先輩の内ヶ崎作三郎は、このベルグソンに直接会ったことがある。

明治四四年初夏、英国オックスフォード大学でベルグソンの講演があった。当時、科学の合理主義を批判し、精神を重視したドイツの哲学者・オイケンも講演。この二人は「生の哲学者」と並び称された。特にベルグソンは欧州で圧倒的な反響を呼んだ。その講演を聴くことは社交界の流行ともなる。この講演会に内ヶ崎が参加した。

広い額。豊かな眉毛と口髭。筋の通った鼻と柔和な眼光。小柄な体躯だが発する声は大きい。その流麗な弁舌と力強い手振りは、聴衆を圧倒。魔術師のような変幻自在な講演に皆が魅せられ、会場は静粛な雰囲気に包まれる。演題は「変化の知覚」。壇上で一枚のメモも持たず、こう述べる。

「固定的ではなく、流動的な生命の永遠性。これ以外にどうして我々は、この永遠の中に生き、動くことができましょう。その中に我々は生き、我々は動き、我々はある」

満席の会場に拍手が鳴り響く。内ヶ崎も感動で身が震えた、という。

初刊『ベルグソンと現代思潮』

『六合雑誌』が大正元年九月、「ベルグソン」特集号を組む。ここに隈畔は、論文「ベルグソンとニイチェ」を上下にわたって発表。

大正三年五月には同誌に「カントよりベルグソンへ」を執筆した。

更に『第三帝国』にも同年、「ベルグソンとプラグマチズム」(三月号)、「ベルグソンとオイケンの哲学」(四月号)、『作と評論』には「ベルグソンと純粋知覚説」(一一月号)と矢継ぎ早に執筆掲載している。

そうした中、ベルグソン論の集大成として、初めての著作『ベルグソンと現代思潮』を大同館から、同年五月に発刊。四〇〇枚に及ぶ、この処女作で隈畔は書く。

「生命は不断に流動し、膨張し、創造する力である。その力は、自己を拡充し、自由にし、真実の我を実現する源となる。その生命の燃焼が火花となり、個性の自由を束縛するあらゆる習慣や形式を破壊する。それは、過去及び現在の枯死した生活に対する叛逆であり、革命である」

一見、激しいその論調は、貧困と差別を強いられた生活実感からにじみ出る熱情の発露でもあった。


発刊の準備は、この年の年頭から始まっていた。

大正三年一月半ば、東京の銀座に珍しく雪が降っている。マントを脱ぎ、喫茶店に入ると、すでに友人の内藤濯が待っていた。やせ形で幾分青白い顔の内藤は、熊本出身。一つ年下の文学青年である。

『六合雑誌』ベルグソン特集号に「ベルグソンと近代詩」を書いた。気心の知れた、同じ執筆仲間。かつて隈畔も所属していたユニテリアン協会の会員でもある。

内藤は、東京帝国大学文学部を卒業。詩歌の改革運動に参画し、パリにも留学。フランス語教官としても活躍した。後の昭和六年、フランス政府からレジオン・ドヌール勲章を受ける等、フランス文化に造詣の深い秀才である。

「やあ、内藤君。久しぶりだね。実は、ベルグソンの本を出そうと思っている。今、大同館で出版の打ち合わせをしてきたところだ」

「それは楽しみだね。私も今度、近代思想叢書から新芸術論の本を出版しようと思っているんだ。お互い忙しい一年になるね」

その内藤から、驚くような提案が出る。

「実は、ベルグソンの自画像のデッサンと直筆のメモを手に入れたんだ。ベルグソン研究者は多いが、実際に顔を知っているのは英国で講演を聴いたという内ヶ崎さんくらいだろう。その自画像と直筆メモを君の新刊本に掲載してはどうか」

「それはすばらしい。是非そうさせてほしい」

願ってもない申し出だった。更に内藤は言う。

「ところで、君の論文を監修してくれる人は決まったのか」

「いや、まだ決めかねている。私の恩師の岸本先生は宗教社会学が専門だし、まさか恐れ多くて哲学界の大御所・西田幾多郎先生というわけにもいくまい」

「それならどうだ。僕の知人に、得能文という人がいる。俳人・歌人界で著名な正岡子規先生の門下だ。東京帝国大学の哲学科出身。去年、オイケンの『精神生活の哲学』を翻訳したばかりだ。君の論文でオイケンも論評するだろうから丁度よいと思うが」

「それはありがたい。君から是非、紹介してくれないか」

早速、得能に会い、監修の承諾を得る。親しい内ヶ崎にも「序文」の執筆を依頼する。請われた内ヶ崎が困った表情を見せる。

「いや、よわったたな。書いてやりたいのはやまやまだが、俺は常々、義理一片の序文は廃止すべきと公言しているんだ。それを曲げるわけにもいくまい。早稲田大学の波多野君に頼んでみよう」

波多野精一は西田と並ぶ哲学界の碩学。「スピノザ研究」の第一人者だ。隈畔にとって申し分はない。ところがその波多野が病気という。やむなく兵庫県芦屋村の療養先に、序文の依頼書と論文の草稿を送った。

三月一五日に返事が届く。

「拝啓。ベルグソンの御研究、すでに完了し、近日出版の運びに向かっている由、慶賀に堪えません。貴稿の一節『ベルグソンとプラグマチズム』を早速読ませていただきました。近頃の好著述として多大な成功を収められるものと小生疑いません」

手紙で、論文を好意的に評価していたものの、病に伏す身、序文の執筆は応じられそうにもない、と断っている。

それを聞いた内ヶ崎。「やむを得まい。頼んだ責任は私が負う」と執筆を引き受けた。巣鴨の書斎で序文にこう書いた。

「野村隈畔君は予の畏敬する友人である。君は独学にして哲学の奥義を極めんと精励する好学の士である。予は過去二年間、君と交わりて、その刻苦と勤勉と熱誠とを知ることができた。正当な教育機関の恩顧を蒙《こうむ》ることなく、田を耕し、書を読み、あるいは軍隊生活を送るなど必ずしも有利とはいえない事情の中で、培った哲学の造詣、外国語の熟達は、皆、君の友人として驚嘆せしめざるをえない」

「予は、本書の著者が更に発奮して日本のベルグソンたる日のあらんことを希望する」

隈畔の境遇を熟知した上での最大の賛辞が綴られた。

五月上旬、払方町の下宿で、最後の仕上げとして隈畔自身も「序」を書き上げた。

三一日、『ベルグソンと現代思潮』が大同館から無事産声をあげる。

内ヶ崎の序文、波多野の書簡を巻頭に載せ、貴重なベルグソンの自画像、直筆メモを掲載する。定価は一円三五銭。

裸一貫で上京し苦節六年。ようやく在野の学究者として論壇の一角に確かな橋頭堡を確保した。

第四章　覚醒する求道の行者

沈黙の「潜在帝国」

大正三年の初夏六月。じとっとした蒸し暑さが続く。

自分の処女作『ベルグソンと現代思潮』が書店に並ぶ。どれだけの人が読んでくれるか。不安はあるが、根を詰めた執筆から解放され、隈畔は内心ほっとする。

『六合雑誌』に初めて原稿を書き始めてから丸三年。毎月のように長文の論文を掲載。念願の新雑誌『第三帝国』も創刊し、毎号、編集作業と原稿執筆に追われた。それに加えて、初めての哲学書の出版も重なった。休む暇もない。この数カ月間、頭の髪一本から足のつま先まで、全神経を集中。それこそ死に物狂いで激闘する日々が続いた。

その荷重で心身は悲鳴をあげていた。しかも、これまで自分が蓄積してきたものは著作の発刊で全て吐き出してしまったようにも思えた。後は何も残っていない。「俺は空っぽになったか」とさえ自問する。

虚脱感が襲う。夜眠れない日が続く。倦怠感は抜けない。食欲も気力も急速に失われていった。

『第三帝国』四月号の編集後記にこんなことを書いている。

「私は変な性質で、時々深いゆううつが襲ってくる。そして、すべてのものに対する興味が全くなくなってしまう」

隈畔は床に伏せ、六月一二日、遂に病院に行き、診察を受ける。京橋区木挽町の加藤病院。診断では神経衰弱と医師は言う。

「野村さん、気力も体力も大部消耗されていますね。心身の疲労がたまると脳内の栄養分が枯渇して、いろんな症状が出ます。物事に集中できなくなったり、連想が起こったり、全身の不安定感が起こります。人によっては睡眠障害や逆に睡眠過剰になることもあります。しばらく入院して静養が必要ですね」

即入院となった二日後、松本に手紙を出す。

「松本君。経過はあまり変わりはない。ここに来て実際、嫌になる。早く引き上げたい」と弱音を吐く。

『第三帝国』の次号について尋ね、その最新号と「白の襦袢、下着、寝間着」を下宿から持ってきてほしい、と頼んでいる。郷里にいる妻の次子にはまだ知らせていない。頼れるのは身近な友。松本に世話をかける外、手はない。


入院して一〇日後、「病院より」（『第三帝国』第一五号、七月一六日）を書いている。

「今の私は、自我もなければ自我という意識もない。天上に達せず、どん底にも落ちず、空にぶら下がっている。肉体も精神も麻痺し、無感覚。煩悶もなければ、悟りもない。執着もなければ、離脱もない。己の過去や現在の生活に対する憎悪も愛着もない。大いなる運命が暴風のように吹き荒れて空中に浮動する、この無頓着の状態を吹き飛ばしてくれたら痛快だろう」


無でもない。有でもない。不思議な浮遊感が身を包む。

この心身の衰弱は、どこから来ているのか。肉体は限界をきたしている。だが、それだけではない。これまで立ち向かってきた観念の世界がふっと消えそうになる。

思想的な変化の予感はこの春頃からあった。

『ベルグソンと現代思潮』の原稿を書きながら、はたと気づく。

日本に流れ込んだ西洋哲学を、皆が盛んに学び、思索し、検証した。学者の手で数多くの論文も書かれた。

しかし、それは単なる模倣に過ぎない。いわば借り物の思想ではないか。独創的な哲学はどこにあるのか。心の中に不信が湧く。

高々と聳え立つ西欧哲学。その近寄り難い山が、目の前から崩れ落ちる。隈畔の中に起こる空白観念。心身の衰弱と並行して進行する、その思想上の懐疑が、隈畔を沈黙の世界へと追いやっていた。

春、入院前のある日のことであった。公園を歩きながらある考えが浮かぶ。

花畑に飛び交い群れる蜜蜂や蝶。思う存分甘い蜜を吸う。歌い、踊り、騒ぐ。しかし、蜜蜂は、いざ自分の巣を作るとなると、全く沈黙する。命がけである。蝶をからかう暇などない。

その必死に生きる様それ自体が、生きとし生けるもの唯一絶対の実在であり、生きる証としての価値ではないか。花と戯れる蜂を見て、隈畔は「生命の真実」に思いを馳せる。

その自然界の生態を、思想界の現状に重ねる。

「行詰まりか沈黙か」──『第三帝国』（第一〇号、大正三年五月一日）にこう書く。

「わが思想界は、唯いたずらに蜂の如くに叫び飛び回った。生命だ、自我だと騒いだ。結果、その生命や自我をどうしてよいか、分からなくなった。頭脳が混乱した。西洋の思想を産婆として雇った。玉の子を産んだ。自我や生命と名付けた。ベルグソンやオイケン、カーペンター等に養育法を問い採用した。しかし、風土も歴史も異なる国土で、全く同じ子を育てようとすることほど、愚かな話はない。我々は、最愛の子たる自我を自由に理想的に育て上げてみたい。そのためには一度沈黙の世界に入らなければならない」

その「沈黙」とは、「新たな創造」への産みの苦しみを孕む胎盤であった。

思想界への痛烈な批判。その矛先は、自身の『第三帝国』にも向かう。次号（同第一一号、五月一六日）に「潜在帝国を思う」を執筆。鋭い矢を放つ。

「第三帝国。ああ、実に無意味な名称ではないか。色彩なく、枯灰のごとく平凡な数学的名称である。未来の帝国とは空想も甚だしい。真実を過去や未来に求めるのは愚である。西や東に求めるのも愚である」

「真実の実在は、一瞬一瞬の生命の鼓動の中にある。精神や物質の分離も一致もない。あるのは沈黙の世界である。それは、無限の力が潜在する世界である。そこには生命の最も自由で豊富な発動がある。その本能は、生のどん底であり、同時に生の絶頂である。その世界は、第一でも第二でも第三の帝国でもない。それは潜在帝国である。我々はその潜在帝国に生きなければならない」

思い立ったその観念は、自分達が作り上げた第三帝国論からの脱却を意味した。脱却といってもそれは転向でも、裏切りでも、非難でもない。新たな展開であり、思想の深化といってよい。

生命の奥底に潜む自我の脈動。そこに人間の実在の真相がある。模倣でもなく借り物でもない、隈畔独自の「自我の哲学」へと踏み出す第一歩であった。

いわばその足踏みのような精神の振動が、神経の衰弱として心身に現れたのかもしれなかった。まさしく前進するための後退ともいえる前三後一の踏み台であった。

病室で葛藤しながら、『第三帝国』から離脱することを隈畔は決意する。

雑誌の理念から心が離れた今、これ以上身を置くわけにはいくまい。見舞いに来た松本に、その心境を語る。

入院して二週間後、松本への手紙に書く。

「松本君。手数をかけてすまぬ。脱退について華山氏の承諾を得て喜ぶところです。僕は印刷人だから、登録変更の届けは石田君に聞いてもらいたい。僕は君と最後まで仕事がしたかったが、仕方がない。失望せず、君は君で第三帝国のために働いてもらいたい」

七月八日退院。正式に、同人を退会。勤務した益進会も退職した。払方町の下宿も引き払い、巣鴨に移転。論文「精神我の覚醒」（第一九〇号、九月一六日）が『第三帝国』に寄せる最後の執筆となった。共に創刊に奔走した華山や石田、松本等は隈畔の離脱を残念がったが、友情は途切れることはなくその後も続く。

政治化する『第三帝国』

『第三帝国』も草創期から安定期に移る中で、大きく変化していく。

政治評論を担当していた鈴木正吾。「第三帝国とは君民同治する立憲政治の帝国である」と主張し、当局から「扇動の罪」に問われる。

新聞紙法違反で罰金刑。経営権も内外出版協会から益進会に移り、石田が主事に就任。後任の編集責任者には、これまで政治評論担当であった鈴木が就く。

その鈴木の影響で『第三帝国』は普通選挙の実現に向け一気に政治化していく。第二〇号で「遍く天下の同志に檄す」と普選実施を提案。第二四号では五名連記の請願用紙まで綴じ込みされる始末であった。

大正三年三月、シーメンス汚職事件で崩壊した山本内閣の後を受け、再び大隈内閣が発足。立憲同志会の大隈重信は早稲田大学の創設者。七六歳の老練な政治家でもある。政界の重鎮として絶大な人気があった。

新聞各社も支持。万朝報も例外ではない。主宰の黒岩が大隈と会談。言論を抑圧する新聞紙法改正で妥協に走る。これに論客・華山が反発。

「この改正案は、悪法。新聞人として私は反対だ。あなたは権力の走狗に成り下がったのか！」

以後、黒岩の変節に我慢がならない華山は、万朝報の執筆をやめる。看板の花形記者の反乱である。黒岩も怒りが収まらない。

そんな騒動の中、オーストリア・ハンガリー帝国の皇太子が暗殺。第一次大戦が勃発する。

八月七日未明、中国進出の好機と大隈内閣が参戦を決定。二三日にはドイツに宣戦布告する。陸軍二個師団の増設を巡って、大隈は野党の政友会、国民党と激しく対立。国会が抜き差しならない混乱に陥ってくる。

華山は人脈が広い。種々雑多な政局の情報が入ってくる。本来なら書くべきことを書く万朝報に、あえて執筆を拒否した。黒岩も忍耐の限界のようだ、と友人から聞けば「お互い我慢比べだ」と言い、言論人が反権力の矢を折れば、俺の居場所はそこにはない、と意に介さない。

案の定、一一月一〇日、黒岩から一枚の葉書が届く。「貴下の社員籍を削除致し候」と通告。いわゆる「くび」ということだ。華山は一〇年間、華々しく論陣を張った万朝報を去る。

解雇通告よりも、華山にとっては政局の行方が気になる。

「大隈は解散を狙っている。政敵をつぶすつもりだ」と踏む。選挙となれば自分はどう動くか。出馬するか否か。思案に暮れ、師走に関西へと旅に出る。宿の一室で深夜まで瞑想に耽った。

元々自分は若い頃、政治家志望であった。父は鳥羽伏見の戦いで敗れた旧幕臣。母方の祖父も徳川家の旗本である。薩長藩閥には恨みがある。それに対抗したい。動機はそこにあった。

今、その薩長が凋落。政党政治が台頭している。藩閥に一矢を報いるのは今しかない。華山の頭脳はめまぐるしく回転する。

一二月二五日遂に衆議院が解散。投票日は翌大正四年三月二五日と決まる。

華山は、『第三帝国』（第三二号、二月一五日）誌上で、「東京市民に向かって模範選挙を求む」と大々的に出馬を宣言。「茅原廉太郎」の本名で選挙戦に打って出る。

同人達もこぞって賛同。華山の支援に動く。

次号の第三三号では、石田と鈴木の連名で「茅原氏立候補の真意」を発表。「無位無官の第三帝国主義の政党を組織することができると思う」と踏み込んだ。

『第三帝国』は、さながら華山候補の選挙公報の様相を呈してくる。戸別訪問も、遊説、演説会、買収もしない。選挙費用は公表する。事務所も開かない。その模範選挙というやり方に賛否両論が起こる。

この動きに刺激を受けたか、文人達も次々と出馬する。

歌人・与謝野寛、日本画家・尾竹竹坡、詩人・馬場孤蝶が立候補。馬場の選挙応援には、夏目漱石、北原白秋、正宗白鳥、田山花袋、徳田秋声等、文壇名士が名を連ねる。マスコミも「第三勢力の登場。当選確実」と騒ぐ。

結果はどう出たか。全て落選の憂き目を見る。

華山はわずか一二九票。二八名中二四位の最下位グループであった。京都の選挙区で出馬した与謝野晶子の夫・寛は、九九票。目を覆う惨敗であった。

論壇、文壇ではそれぞれ押しも押されもせぬ著名人ではあるが、一般の市民、農民の間では無名に近い。ましてや政治家として期待する向きはゼロに近い。当選確実の風評は幻に終わる。

有権者の良心に訴えたつもりが、その良心に拒否された。

上から下ではなく、下から上を築くという高邁な政治理念。しかしそこに、下の民への温かなまなざしはない。与謝野寛の応援に歩いた晶子がその本音を図らずも語っている。

「昼は田畑を打ち返し、山へ行っては木を切る。彼等は本を手にしない。創意も進歩もない。その遅鈍な農民が多数を占める日本で、代議政治など時代錯誤である」（『太陽』第二一巻五月一日号）。

〝無能な人々に頭を下げる行為は恥辱〟とまで言い捨てる晶子。

底辺で苦しむ人々の片隅にこそ政治がある、という政治の原点、民を思いやる心は見られない。あくまでも上から目線である。民衆の拒絶は、当然の帰結であった。

農民は田を耕し、木を伐るしか生きる術はない。本を読む暇もない。それは農民の怠惰のせいではなく、その現実を生み出している「政治の貧困」こそ責めを負うべきである。

晶子の近視眼的な指摘に、農民の一人である隈畔は失望を覚える。

毀誉褒貶の渦巻く政治家に転身しようとした華山にも、隈畔は一抹の寂しさを感じる。もちろん、政治家になることに反対するつもりはない。自分の思想を政治の場で実現したい、という固い意志も理解できる。藩閥政治を変革しようとする信念も尊い。

しかし、と隈畔は思う。

「鋭い筆を武器として権力と戦い、警世の矢を放ち、大勢の民の心に火を付ける戦人《いくさびと》」――それがあなたには最もふさわしい、と。敬愛する思想家・華山。その「知の巨像」が隈畔の心の中で崩れ落ちていった。

政治誌と化した雑誌『第三帝国』。新思想建設の気概はすでに色あせている。

猛々しい世相を前に「もはや私は私で、自らの信念を貫くしかない」と自分に言い聞かせる。

自宅で療養しながら「考えざるを得ざるの悲哀」(『六合雑誌』、大正三年九月号)、「剣か貢蘭か」(同、一〇月号)を執筆。

年が明けた大正四年一月、自著二冊目の『自我の研究』を警醒社の近代叢書第六編として発刊する。退院後に、思索をまとめた一冊である。

「君は入院したからあの本を書けたのだ。『自我の研究』は病院で生まれた子だ」と友人は言った。続けて四月には、孔子の思想研究書『春秋の哲人』を六合雑誌社から出版した。

大正四年四月一日、華山落選のショックが冷めやらぬ中、第三帝国社は神田区表神保町に移転。出版・古書街に立つ瀟洒な三階建ての洋館で再出発する。表向きは、颯爽とした再出発だが、内実は複雑な亀裂が芽生えていた。

選挙は、最もドロドロとした人間関係を生み出す。

敗北となれば、なおさらそれが表面化する。選挙戦の責任転嫁。指揮権の曖昧さから起こる指示系統の混乱。信頼関係の瓦解。そうした微妙な心のずれが、ある出来事を契機に暴発する。

この年の暮れ。それが「第三帝国」の分裂騒ぎとなって現れる。

〝腰弁当〟の哲学者

社屋が移転した、その同じ四月一日に、隈畔は「寒山を下る渓流のように」東京を離れ、郷里の福島に帰った。

かつて心血を注いだ雑誌『第三帝国』。〝新しい思想を打ち立てよう〟と意気込んだ情熱も今や萎えいでしまった。もう未練はない。そう思いながらも、都を去る落ち武者のような気分に駆られる。

「山の絶頂から谷底に引き込まれる羊」になったか。これも運命の為せる「業」か。そんな忸怩たる心境の中にも、必ずまた東京に戻る、と一抹の勇気を奮い起こす。心機一転。哲学の新たな扉を開くために、しばらくは雌伏の時を過ごそう。そう決心しての帰郷であった。

朝、上野駅を発ち、福島に向かう。車窓から懐かしい東北の山河を眺める。

父なる半田山。母なる阿武隈川。青春時代、自分にとって煩悶の舞台となった〝伝説の国〟だ。

風呂敷包み一つで故郷を出てから七年の歳月。東京生活に見切りをつけて村に戻るのは、これが初めてであった。裸一貫で郷里を離れ、今、論壇の一角に身を置く思想家の一人として郷里に帰った。これからどうするか。思案が静かに心を満たす。


夕刻、桑折駅に着いた。次子と娘の美代子、子守役の三人が改札で待っていた。美代子を抱こうとすると急に泣き出す。生まれて二年余り。ほとんど会うことのなかった父が分かるはずもない。皆で半田村の実家まで歩く。周りの畑には菜の花が爛漫と咲く。桃源の郷は昔のままだ。土間に入ると、父の倉吉、母のシケと長兄の梅蔵夫妻が待っていた。久方の家族の団らんが心を和ませる。


しばらく生家でのんびりと過ごした。

皆は、まもなく始まる田植えの準備で忙しい。

いつまでも厄介をかけるわけにもいかない。仕事を見つけなければ、と相談のために小学校時代の友人や知人を訪ねる。再会した面々は、少壮の哲学者としての善兵衛の活躍を、ことのほか喜んだ。

五月に入った頃、郡長の紹介で福島県庁の採用が決まった、という。

大正四年当時の「福島県職員録」を見ても、学務課や文書課に「野村善兵衛」の名はない。記録に残らぬ「臨時雇い」の処遇であった。

親子三人の暮らしがかかっている。贅沢を言っている場合ではない。早速、村を出て、福島市の渡利に一軒家を借りて住み始めた。

弁天山公園の側を通り、阿武隈川に架かる天神橋を渡ると杉妻町の県庁舎に着く。毎日、職場に通い始めた。単純な書類の記録と整理。頭を使う必要はない。そこに何等、創造性はない。ただ手を動かして給金をもらうだけだ。他の人達のように、懸命に働いて出世する気はもちろんない。

「労働嫌い」の〝ドストエフスキー〟が、またもや頭をもたげてくる。

自分は何のためにこの世に生まれてきたのか。本来、自由人として生まれるべくして生まれてきた。にもかかわらず、現代の社会で、一片のパンを得るために働かなくてはならない。

「労働は神聖なもの」と資本家は言い、労働を強いる。労働者はその見返りに賃金をもらう。しかし、パンはパンであって生命ではない。そのパンのための労働に創造はない。象徴の世界も芸術の世界もない。それは人間の堕落である。

ドストエフスキーは「そんな現代を批判しようと思えば、ただゴロゴロと寝ている外はない」と言う。


そう言う自分も、一本の筆を持つ「ペンの労働者」だ。それはパンのための労働ではない。創造と自由のための労働である。象徴と芸術の世界では全てが自由であり、何等の束縛もない。

自由人の創造は労働の形をとるが、あくまで自由と愛と美を創り出さんがためである。全ての労働者は、真に自由なる芸術家とならなければならない。にもかかわらず人間がただ食うために働く。それは痛ましい悲劇だ——。

黙々と仕事をする職場の人間を見ながら、またしても独りよがりの「労働観」が頭に浮かんでくる。


人は働くことで生活の糧を得る。糧を得ることで生きる希望が持てる。だから人は働く喜び、働ける喜びを実感する。大多数の人々が持つ、その労働観念が隈畔にはない。

パンのための労働か、創造のための労働か——。

日々鬱々と過ごす中、福島新聞で「華山氏、来福」（七月一五日付）の記事を目にする。「第三帝国演説会」が市内新町の大正館で開かれる、という。門田稲葉、柳沢天骨等、地元文化人の有志が発起人、と報じている。かつては創刊メンバーの一人であった隈畔はもはや退会の身。のこのこ出掛ける気はない。そんな中、地元の新聞記者が訪ねて来る。『第三帝国』の野村隈畔が渡利にいる、と聞いて来たという。取材を受け、翌日の新聞に載った。

見出しは「腰弁当の哲学者」。

半田村出身。ベルグソン研究者と紹介している。苦笑するしかない。在野の哲学者ではあるが腰弁ではない。世間とはうるさいものだ。一生、腰弁にはなるまい、と改めて思う。

剣かコーランか

福島の渡利に住んでまもなく、東京の松本から原稿の依頼がくる。軍事召集で無理、と断る。隈畔は、七月二四日から八月一三日まで三週間、仙台の歩兵第二九連隊に入営。演習に参加する。

山を登る。野を走る。砂塵を蹴る。濃霧の森に野営する。重い装備を背負っての訓練。まだ病が癒えていない隈畔にとって過度の演習が、この上もなく辛い。

夜、兵舎での自由時間。疲れた体を休めながら、二段ベッドの上で原稿に向かう。入営して一〇日。「思惟の生産的流動性」(『六合雑誌』第四一六号、大正四年九月一日)を書き上げる。年頭に発刊した『自我の研究』に対して批評した古谷栄一への反論だ。

第一次大戦が開戦して一年が経つ。

イギリス、フランス、ロシアの連合国側についた日本もドイツに宣戦布告した。戦場は遠い欧州の地。日本は中国大陸での局地戦に絞られる。日露戦のような全面戦争ではない。といっても仙台の連隊第六中隊はすでに北支那に派遣。幸い自分の所属する第一中隊に現地出動の軍令はまだない。

が、戦争は依然続いている。いつ動員命令が下るか分からない。同期の召集兵は生年明治三七年組。ほとんどが小学校卒だ。皆、家の柱である。中には妻子を持つ者もいる。

「忠良なる臣民」として「困苦欠乏に耐える」ことが在郷軍人の鑑。反することは許されない。軍令には絶対服従だ。やむなく召集には応じるしかない。その後も大正五年の軍事教練を始め、六年、七年と毎年夏になると「簡閲点呼」の呼び出しがくる。有無を言わさぬ陸軍の強制に「不快な戦慄と反抗」を覚える。

隈畔は、その戦争をどう見ていたのか。

第一次大戦の開戦直後、大正三年九月に「剣か貢蘭《コーラン》か」を『六合雑誌』（一〇月号）に書いている。戦争反対の論文である。

「戦争！　戦争！　何ぞ、その声の殺伐なる。何ぞ、その叫びの勇壮なる。誰か戦争の叫びを聞いて血沸き、肉走るの感を覚えざるものあろう」

「戦争！　戦争！　何ぞ天空を慄わせ、大地を裂くひびきではないか。誰か戦争の前にその肉体を惜しむものあろう。一切の犠牲を拒むものあろう」

何者かのために死をも厭わない。その崇高な生き様を強いる「絶対にして最後の権威者」。それが戦争だ、と本質を突く。そして言う。

「然れども戦争は凶事である。その結果たるや、悲惨を極め、殺戮、掠奪、強姦、煙焼等、あらゆる罪悪が公然と演じられる。ああ、いかなれば天国を地上に建設せんと憧れる人間は、かくも戦慄すべき阿鼻叫喚の光景を展開するであろうか」

戦争を賛美する者は「戦争遊戯者」である、とその非人間性に目を向ける。

マホメットは「剣かコーランか」と言った。「聖戦」とは戦争ではない。神の啓示を具現する闘いだ。キリストは「我れ、世に刃を出さんがために来たれり」と言った。「刃」とは戦争ではない。真理を実践する闘いだ。戦いは人を殺すための闘いではない。己を生かすための闘いである。

「自己の生命を失い他の生命を失えば、全宇宙を得たとしても何の益もない」

生命はそうした絶対の、無上にして尊厳な存在である。それを抹殺することは何人も許されない。

「世界の精神我は大革命をすべき時である」

隈畔は格調高く戦争反対を訴える。友人の論客・一條忠衛も同じ思いだ。『六合雑誌』に「戦争の道徳と平和の道徳」を発表。言論人として共に矜持を貫く。

軍事教練を終え渡利の家に戻ると、しばらく経って松本から手紙が届く。

「華山と石田が分裂」

予想もしない驚くべき内容であった。

華山は、石田が結婚式に益進会の金を流用。公金横領だ、と言い、石田は、華山が政治的野心で「第三帝国」の利益を独占した、と言う。

華山の反対を押し切って石田の妻・みつじが婦人雑誌『女王』を勝手に創刊したことも華山は面白くない。選挙戦の惨めな敗北の影響が、社内の亀裂を生んだに違いなかった。

大正四年一一月、大正天皇「御即位大典奉祝号」として刊行された一一月号。その表紙に印字されるはずの「主事・石田友治」の名が消えた。華山の指示である。

そこから問題が表面化。創刊二年で主盟・華山と主事・石田の双璧が対立するという事態に発展した。

新聞各社も大々的に報道。一四日付の読売新聞は「『第三帝国』動揺」とその顚末を報じた。

訴訟合戦に発展。華山側は弁護士名で「読者諸君へ」の広告を東京朝日新聞に掲載。今後は華山氏を中心に発行する、と公に宣言する始末であった。

一二月に入って双方が和解。発行所の益進会は解散。雑誌は廃刊となる。華山は『洪水以後』、石田は『新理想主義』をそれぞれ創刊。松本も一時、華山の同人に参画するが内紛で離脱した。分裂に歯止めがかからない。

半年後の翌年七月、石田が復刊するものの『第三帝国』は大正八年、通算一〇〇号でその幕を閉じた。後年、歴史学者・松尾尊兊が〝民本主義の歴史的役割を果した〟(「大正デモクラシー」)と評価した思想運動もその使命を終える。「命をかけて新しい思想の建設を」との創刊時の息吹。その輝きは今やない。


共に創刊に情熱を燃やした仲間達。彼等はそれぞれが別々の道を歩み始めた。

故郷の阿武隈川の畔に立ち、悠久の流れを凝視しながら感慨に耽る。

「名実ともに、一つの時代が終わった！」

隈畔にとっても、求道の行者としての孤独な闘いが再び始まろうとしていた。

来日のタゴールに失望

自分にとって自我の覚醒は可能なのか。

隈畔哲学の最大の命題であった。

釈尊は「天上天下、ただ我ひとり尊し」と悟った。キリストは「我は真なり、生命なり」と叫んだ。

哲学を極めれば、その自我を会得し覚醒できる。そう思ってひたすら探求してきた。律動する生命。それは純粋経験としての本能といってもよい。そこから直接経験として、様々な思惟が発展する。その現実の展開から真理や道徳が生み出される。そうした内面に湧き上がる自我を、隈畔は「純粋自己意欲」と呼んだ。

論理を追い、その本性を著作『自我の研究』の中で明らかにした。だが、それは哲学上の理論に過ぎない。自我の「解析」ではあるが「覚醒」ではない。釈尊やキリストが達した真理の「悟達」でもない。

自我の確信という実感がそこにはない。概念からどこまで真の覚醒に到達できるのか。

そこに煩悶があった。

大正五年六月初旬。インドの哲学者でもある詩聖・タゴールが来日するという。タゴールはアジア人初のノーベル文学賞を大正二年に受賞。その初来日に合わせ『六合雑誌』が特集号を組む。

「汝は私を無限にした。それが汝の歓びである。この壊れやすい器を幾度も空にした。そしていつも新しい生命をそれに充たす」と、タゴールはベンガル語の詩集『ギタンジャリ』に書いた。

生命への慈しみ。大自然の輝き。貪りを廃した平和への希求。タゴールはその永遠の愛を高らかに歌った。

大詩人のその思いが、隈畔にはよく分かる。その詩心に共鳴し論文「絶対現実の世界と宗教」を特集号に寄せる。

「真理は飛躍によって生まれる。飛躍は生命の必然的な創造力である。自我は生命の偉大にして剛健な真理の子である。その真理という永遠の子を宿すべく、『絶対』と『我』が接触する。接触した瞬間の燃焼。それが自我の飛躍である。その自覚は絶対の現実である。

それこそが真の宗教である。今、その信仰にもがいている」（『六合雑誌』大正五年七月号）

隈畔はタゴールに会いたいと思った。

会って、そのもがきから解放されたい、と願った。福島から上京。一一日午後四時、東京帝国大学八角大講堂での講演会に参加した。

豊かなあごひげ。鉄灰色の髪。茶色の長いローブ姿。インド独立運動を支持し、ガンジーにマハトマ（偉大なる魂）の尊称を贈った、とされる。その精悍な風貌は超満員の聴衆を魅了した。

だが、会場の一角に座る隈畔は失望する。

タゴールは、アジア精神文明に言及したものの、期待した自我の覚醒についての哲学的な深い示唆が語られない。日本への批判もあり、言論界でも概して不評であった。

「東京での数日の滞在中、思索の上で何等得るものはなかった」（『自我を超えて』）と当時の日誌で述懐している。そこにタゴールについての論評は一言もない。それだけ失望が深かったことが読み取れる。

隈畔は、悶々とした気分で虚しく故郷に帰った。

隈畔が求めたのは、自我の確信であった。

妥協、服従、背徳、それを偽善の子とすれば、自由、正義、創造は真理の子だ。その子を生み出す永遠への飛躍。その宗教的確信は信仰といってもよい。

全てを放棄し、重い十字架を背負ってなお微動だにしない絶対的確信。自分が望むのは、その内面の自我の信仰だ。その確固たる覚醒を得たい。隈畔の切実な苦しみがそこにあった。

会得した「自我」の確信

大正五年七月二日、蟬が鳴く暑い日であった。知人に誘われ、福島県白河の常瑞寺を訪ねる。遠き鎌倉の時代、源義経の忠臣であった佐藤継信・忠信兄弟が討ち死。そのことを知った母が出家し、尼となって開いた草庵が寺の起源という。

数百年の歳月を経た古刹。年輪を刻む樹林。近くには、戊辰戦争の激戦地となった小峰城が空を仰ぐ。眼下には阿武隈川が流れ、吹く風が悠久の時間を告げる。

生と死を結ぶ深閑とした静寂が支配する空間。我を忘れたか。我に返ったか。不思議な感覚に身を晒す。

本堂で講話を聴く。そこで「信楽《しんぎょう》」という概念を知った。それは宗教的な帰依を意味する。仏教で帰依は「帰命《きみょう》」とも解される。梵語で「南無」の訳語だ。天台は摩訶止観で「命を以て自ら帰す」と言った。一言でいえば、命をかけて信ずることである。

何を信じるか。

「帰」とは「真如の理に帰する」こと、永遠なる大宇宙へと還ることであり、「命」とは「真如の智に基づく」こと。その生命の根源に触れることで浄化され、再び現実の世界へと蘇ることである、と説く。

その生命の脈動が「法」であり、「仏」であり、永遠普遍の「実在」である。

その「永遠なるもの」と対峙し、隈畔はただ無心に祈る。

深まる畏敬の念。自分に絡みつく執着や雑念が薄紙をはがすように消えていく。その瞬間に心底から喜びが湧く。呪縛からの解放。生命の浄化。そこに自由なる自我を直感する。限りなき慈悲を光源とする生命の燃焼。これが信仰による「魂の飛躍」というものだろうか。

「やっと自我の本性を見た。自我の実在が実感できた！」

摑んだ自我の確信。

感動のあまり、隈畔の頰にはとめどもなく涙が流れ落ちる。営々と積み上げてきた自分の内在的な論理が、今や大いなる頂きに到達すべき任務を遂げた、と思う。

理屈は真相を解く道具に過ぎない。帰納法でいくら論理を積み重ねても真理を覚知することは至難の業だ。そこに苦悩があった。逆に覚知した真理から論理を裏付ける演繹法でこそ真相が見えてくる。

「実在から概念に行くことは可能であるが、概念から実在に行くことは不可能である」とベルグソンは言った。その意味の謎がようやく解けた。

すっと煩悶が薄らいでいった。迷える羊であった自分が、確信に満ちた自分に変わった。信ずるという一念の飛躍が、思想的に大きな転換をもたらした、といえる。

自著『自我の研究』で論究した「純粋自己意欲」―その独自の概念を更に深め、理論の再構築を、と思い定める。

翌三日、第二九連隊の軍事教練で仙台へと向かう。

仙台から戻った後、県庁勤めを辞し「食うための労働」からも身を引いた。

この一年余りの渡利時代。朝、決まった時間に家を出て夕方、決まった時間に戻る。職場では指示された仕事をただ事務的にこなすのみであった。

「野村さん、これ、お願いします」

「はい、分かりました」

会話といえばそれだけだ。いわば職場では窓際族。周囲の職員も「腰弁哲学者」と分かっているから何も言おうとはしない。

家に居れば居たで、部屋に籠りきり。たまに外に出るといえば、美代子を連れて散歩するぐらいだ。外目では、ぐうたら親父にしか見えない。妻の次子もそんな姿をいらいらして見ている。

「あなた、三〇歳以上にもなって、少しはしっかりしなくちゃ困りますよ。いつまでも子供のような浮いた心でどうなさるのです。私はこんな不安な生活は嫌ですよ。美代だって可愛くありませんか」

妻次子の言葉に容赦はない。隈畔も返す言葉がない。労働は嫌いだ、と言って役所勤めも適当。家にいればゴロゴロしている。書いている原稿など妻は眼中にない。そもそも内容は分からないし、原稿料や印税とて雀の涙。生活費は常に赤字だ。

かつて、結婚して二年目の頃、東京で一緒に暮らしたことがあった。生活費を得るために、一年間夫に代わって働きに出た。女工や女中奉公をして働いた。

「いろいろな苦痛や虐待に遭うごとに、熱い涙を以て労働の悲哀を味わった。けれども妻は私の未来に希望をかけて働いていたにちがいない。夢のような将来の楽しい生活を空想して、あらゆる苦痛を忘れていた。そしてかえって私の勉強を助けてくれた」〈『新文学』第一六巻「自由人の生活」大正一〇年五月一日〉。

結婚して九年。その妻の気持ちは今も変わらない。

当世、〝新しい女〟がもてはやされもしたが、むしろ「家族を愛し、子供を養育し、夫に内助の功を尽くすべし」と貞操を重んじる「古い女の会」の嘉悦孝子に近い。夫に尽くす伝統的な古いタイプの女性だ。愛情故の叱責に、反論はしても怒りはない。

隈畔にしてみれば、妻の言うように、ただ無為の中に時間を浪費していたわけではない。頭脳は急速に回転。キラ星のように次から次と言葉が溢れてくる。そんな時は筆が止まらない。勝手にペンが動くような感覚にとらわれ、自分でも驚く。

「実在の世界」から「概念の世界」へ。

その思索と執筆活動に専念するために辞職。「純粋自己意欲の哲学」の再構築へと、執念の炎を燃やしていった。

大正四年から五年にかけ『六合雑誌』に毎月連載の「現代思潮」の他に「自我の問題に就いて」「思惟の生産的流動性」「ベルグソン哲学の迷妄」「自我道徳の根本義」「絶対現実の世界と宗教」「自我より絶対へ」等を執筆。

『科学と文芸』にも「心霊の悩み」を掲載する等、意欲的に次々と論文を発表。その数は一八本にも及ぶ。

雌伏の生活。東京の喧噪から離れたその日々は、隈畔にとって自己の哲学を発酵させる貴重な歳月でもあった。

自我の確信を摑んだ今、再び東京の中枢で言論活動に挑戦しよう。そう隈畔は心に決める。心機一転。親子三人で東京で暮らすことにする。

まず巣鴨に住み、一家が落ち着く住まいを探しながら、課題であった『自我を超えて』の執筆にも取りかかる。今度こそ失敗はできない。そう意を決しての再出発であった。

第五章　自我の哲学「三部作」完結

「萩の家」の御亭主

「高台から眺める富士山は最も高く見える。眺望の奇。都下第一となさん」

随筆「小石川台」（明治四三年）に紀行作家・大町桂月が、東京から見る富士を書いている。

年が明けた大正六年二月の真冬日。白雪を頂くその秀麗な富士がくっきりと空に浮かぶ。隈畔は福島を引き払い、妻子と共に一家で東京に越した。住まいは小石川区宮下町二一番地。東京駅の停車場から市電に乗り、北上。大手町、神保町、水道橋を経て二〇駅目の西丸町駅で下車。そこから一〇分程歩いた宮下町にその家はあった。

小石川区に広がる小日向、音羽台などの高台。

恩師の岸本を始め、多くの文人、政治家が住む。途中には、隈畔が若き日に聴講生として通った懐かしい東洋大学や高等師範学校、大学植物園もある。都下有数の文教地区だ。徳川、伊達、松平、三井等の大邸宅が点在。伝通院には徳川家康の母の墳墓が立つ。歴史と文化の薫り高い街である。

一方、旧・水戸邸の跡地には、陸軍直属の兵器工場が煙突を並べ、黒煙を吐く。戦争で使われた小銃は、ここで生産。隈畔が毎年のように参加する軍事教練で手にした銃はこの工場で作られた。


都の中心・小石川。この地は一度は住んでみたい憧れの街でもあった。その新しい住まいで何を始めるか。

当時、東京では内職が流行。雑巾縫い、マッチ箱や袋作り、メリヤス糸繰り。いろいろあるが一日一二、三銭にしかならない。思案の末、「煎餅屋」を開くことにする。

幸い、借りた家は木造二階建て。路地に面し以前は菓子屋だったという。ちょっとした店構えもある。店の名前は「萩の家」と付けた。しゃれた看板も出した。


扱う品はあられ餅。煎餅は餅米で作るが、あられはうるち米。火であぶる。油で揚げる。種類も多い。彩りを添えるためにヨモギや豆を入れたものもある。平安時代に始まり、江戸時代には盛んに売れた、という。上品で日持ちもいい。

仕入れ業者も初音町や白山御殿近くにある。宮下町から市電で二〇分。八駅ほどで行ける。便利で負担も軽い。店を見ながら子育てもできる。もちろん経営者は次子。やる気充分であった。隈畔は店番をしながら家で執筆もできる、と算盤をはじく。

妻が忙しく開店準備に走る中、隈畔は二月二五日、警醒社書店から『自我を超えて』を発刊する。

春三月の暖かな日。「萩の家」はようやく店を開いた。

宮下町には菓子屋がない。結構、客が来た。学校帰りの子供達も寄る。街の人は「萩の家」と言わず「野村の煎餅屋」と呼ぶ。そのうち、旦那が哲学者と知れて「哲学屋」と言う人もいた。

「野村という怠け者は町裏の家でぼんやり空でも眺めているんだろう」と、角の米屋で聞いて来る。「あそこの煎餅屋さんです」と言われて来てみると、女房と二人、店先で仕事をしている。訪問客も予想外の姿を見て驚く。

ある日、税務署から役人が来た。次子が応対に出る。

「この頃、お店は売れますか」

「とてもお話になりません」

「そんなことはないでしょう。このお店で」

「いえ、少しも売れずに困っています」

「お店の台帳、見せて下さい」

「台帳がある位、売れれば結構ですが」

次子もさる者。のらりくらりと追及をかわす。

「ご亭主さんは何をされていますか」

「遊んでいられないから働いています」

「餅でも焼いているんですか」

「いえ、うちは小売りだけです」

「はあ、それでは車を引いて卸に歩くんですか」

「いえ、その方面は違います」


主人が哲学の研究をやっているなどと言えば一層話がややこしくなる。要領の得ない話に諦めて帰っていった。陰の部屋で聞いていた隈畔。「いやはや、ご亭主さんとはね」と二人で大笑いする。

夫婦で笑い合うなど久しぶりだ。笑いながらも、隈畔は次子のたくましさに圧倒される。

卸業者と交渉する。開店の手配をする。宣伝がてら近隣の挨拶回りをする。金策に走る。税務署員を適当に追い払う。

どこでそんな才を身につけたのか。全て次子が動く。花から花へと蝶のように飛び回り蜜を集めてくる。自由自在だ。隈畔は側でじっと見ているだけである。

「我々は常に、最善のものを具体化し獲得しよう、と要求し努力する。その自発的な生命の自由が、生活の上にあらゆる価値を生む源泉である」と、『六合雑誌』（第三八巻、大正七年一月号「生命問題の進化」）に書いた。

人は生きるために必死になる。最善を尽くす。全霊を注ぐ。特に女性は、家族のために我が身を顧みる暇などない。まさに価値創造の〝女神〟と化す。女性の強さ。その「自我の発動」を妻の姿に見る。

主婦達の「米騒動」勃発

「元始、女性は実に太陽であった」

男社会の壁を破って女性解放の狼煙を上げた平塚らいてう。日本初の女性誌『青鞜』創刊号で気炎を吐いた。

隈畔が創刊した雑誌『第三帝国』にも「婦人の主張」と題し原稿を寄せる。「女子も亦、人たる以上は、女子の自由発展を抑圧する習慣・因習から脱して内部心霊を解放し、その自然性を発揮せねばならぬ」（大正二年一〇月一〇日号）

以来、世間で忌避される「恋愛の自由」「母性の保護」が激しい論争となる。そこに女性の自我の目覚めを見る。

一方で、それとは全く次元を異にする、目覚めた女達による激しい運動が巻き起こった。当時はまだ女性に参政権はない。その政治不在の中、生存をかけて立ち上がり「生活苦からの解放」を訴えた。日本で初めての女性から始まった大衆運動。いわゆる「米騒動」である。

大正七年夏。事件は富山県の一寒村に起こり、北陸から全国へと波及した。

第一次大戦も四年目に突入。厭戦気分が広がり景気も下火。物価は高騰し、味噌、醤油、炭も高くなる一方であった。米価も、軍用米で儲けようと米商人による不当な買い占め、売り惜しみが横行。一升三六銭から六〇銭にも値上がりした。

米俵は江戸期から栄えた千石船に積み荷。酒田、新潟、北陸の港から北前船航路で大阪や東京へと運搬された。

米蔵から俵を担ぐのは「女丁持《おんなちょうもち》」と呼ばれる婦人労働者。「ばんどり」と呼ばれる背板に四俵、五俵と積み上げて背負う。地下足袋を履き、重さに耐えて運ぶ辛さは尋常ではない。

漁村は不漁続き。漁師の夫が出稼ぎで不在の中、主婦達が日銭を稼ぐしかない。その彼女達は米が高くて買えない。買い占めに悲鳴をあげ、怒りが爆発。「このまま餓死するわけにはいくまいけ！」と最初に立ち上がったのは富山・魚津村の女房連。四〇数人が役場や米問屋に押しかけた。船に積みだされる米俵にぶら下がる。男達の腰にしがみつく。

その必死の行動が他の村々にも波及。日本海沿岸で一万人をはるかに超える人々が決起した。

騒動は、婦人だけでなく、小作人や労働者も巻き込み全国に広がった。政府批判の労働運動や部落解放運動へと波及。その総数は一〇〇万人とも言われる。鎮圧のために、警察ばかりではなく軍隊まで出動。二万五〇〇〇人が検挙される。

寺内内閣は、この平民の蜂起に抗しきれず倒壊。政友会総裁の原敬が首相に就任した。爵位を持たない「平民宰相」として世の喝采を浴びた。

「米は米に非ず、命なり」―家族の命を預かる母親に妥協はない。金欲と利権に抗い、我を忘れて立ち上がる。その底力が広範な抵抗運動へと発展した。それは、生きるか死ぬかをかけた女達の戦いであった。

後に、隈畔の筆禍事件で法廷に立つ人権弁護士・布施辰治。この米騒動を「生存権を背後に持つ民衆運動」と位置付ける。

東京の都下で、困窮生活を強いられる隈畔にとっても他人ごとではない。

同年八月、北海道の弟に手紙で憂いている。

「目下、東京、京都、大阪、名古屋、神戸、堺、岡山、静岡、舞鶴等の大都市には米騒動勃発の有様です。一方、出征で熱狂しているかと思うと、貧民は米のために死に物狂いになって奮闘している。軍隊の出動も無理はないが、悪政の結果、誠にやむを得ない」

二カ月前の六月には『現代文化の哲学』（大同館書店）を出版したものの、思うようには売れず、印税とて一冊でわずか一円六〇銭。原稿料や煎餅屋の収入を含めても生活費は月四〇円ほど。米代も借り、夏が来ても単衣一枚買うことすらできない。

妻子と共に依然として刻苦奮闘の日々が続く。

幻想小説『未知の國へ』

店番と思索と執筆。心身が疲労し時々気分が落ち込む。隈畔が自分で「文明病」と呼ぶ神経衰弱はまだ治ってはいない。

窓から暖かい太陽の光が差し込む。縁側で、春の日ざしに身を任せているうちに睡魔が襲いうたた寝をする。深い眠りに入る。

未知の国へ旅立ち山野をさ迷う行者が夢に現れる。「山の精」と出会い、真実を悟る。そこで、ハッと目が覚める。あまりに鮮明な映像。忘れないうちに、とその記憶を書き留める。

「孤独の行者」

かつて雄々しくも、単身「未知の国」に旅立つ一人の若い行者があった。

一人の同行者もなく孤独であった。孤独が唯一の友であり生命であった。

沈黙して旅をつづけた。或る時は深き森を押し分け、羊の腸のように曲がりくねった山道を辿り、一つの高峰を発見した。

その絶頂は神秘の雲に包まれていた。

悪しき坂路にニィチェの言った「偉大なる道」を思い出した。

暴風や雷雨もこの孤独の行者を突き落とすことはできなかった。

遂にその絶頂を踏破した。

そこで泉の水を飲んだ。泉には「愛」という波が立っていた。

彼に無限の力を与える「山の精」と出会った。

彼はこの「山の精」を賛美し「純粋自己意欲」と言った。

ある朝、眠りから覚めると山のはるか彼方に美しい平原が横たわっていた。

そこには幾筋かの川が瑠璃のように光り流れている。

この崇高な山とあの広い平原！　何たる壮観であろう！

山は野を離れず野は山を離れず、そこに大自然の一如がある。

彼は平原へと下った。街に入ろうとして発見したのは大いなる城門であった。

門の扉には「文化」という古い文字が書かれていた。

高峰の泉から流れてくる河には、農夫や牛馬の糞尿や汚穢《おわい》の臭気を発していた。

城の前には軍人や職工達が集まり騒いでいた。無類の人が言い争っていた。

「法律組」「経済組」「教育組」「宗教組」と襟に印した法被を着ていた。

城の後ろには、「科学組」が作った城の十倍もある大きな大砲があった。

彼らは毎日、訳のわからないことを言って騒いでいた。

見物人も「政治へ」「科学へ」「宗教へ」と叫んでいた。

彼らはいつ出来上がるかわからない城を「文化城」と名づけていた。

行者は小高い丘でゴロゴロしながら街と街の人を睨んでいた。

行者は孤独であった。


「不可思議な夢」


小高い丘の後ろには深い森があった。森には歓呼の声が絶えなかった。

その声は無声の詩であった。彼は「賛美の岡」「神秘の森」と名づけ、谷を「沈黙の谷」、流れる水を「憂鬱の水」と名づけた。

「山の精」は、いづこにおいても彼と一緒であった。

彼の哲学は「山の精」の哲学であり、彼の言葉は「山の精」の言葉であった。

寝床の側に備えておいた白花の実を盗んでは現れる男がいた。二人は沈黙の儘であった。

行者は口を開いた。

「汝は誰なるか」

「われは汝の友である」

「否々、汝は曲者である」

男は笑っていった。

「我れは汝である。汝は我れである」

「名を言え」

「山の精である」

行者は卒倒した。男は静かに近寄って、胸を二、三度撫でながら言った。

「起きよ！　愛する友よ、我を忘れたか」

「否！」

「然らば問わん。行者よ、汝は予の哲学を忘れぬか」

「然り」

「然らば汝は何故に予を疑うか。何故に予を信ぜざるか」

「山の精よ！　我は最も汝を愛す。そして最も汝を信ずる」

「友よ、汝は何故にあの街の人々を呪うか」

「余は汝の哲学を信ずる。けれどもあの街と街の人々は汝の哲学を信じない」

「友よ、誤解してはならない。汝もまたあの町の一人ではないか」

行者は沈黙し、山の精は再び口を開いた。

「友よ、愛する友よ、余の哲学を信ぜよ、あの一如観を忘れるな、そして勇気を鼓舞せよ、自由とそして奮闘！　これ汝の生命ではないか、哲学の第一義ではないか、何物も恐れてはならぬ。限りなく奮闘せよ、限りなく躍進せよ、汝の生と死において余は汝と共にある」

「山の精」はそう語って忽然と神秘の森に消えた。

行者は神秘の森の中をさ迷いながら森の「無声の詩」に和して心ゆくまで自由の哲学を歌った。


無限に脈動する自由と愛の生命。隈畔は、生命論ともいうべき「自我の哲学」を築き上げる。その核心である「純粋自己意欲」。それを「山の精」に見立て自省の会話を試みる。それまでの長い思想的煩悶の遍歴。それをファンタジーとして創作。『六合雑誌』〈大正七年五月号、六月号〉に発表。後年、一冊の本『未知の國へ』として出版する（大正九年四月、日本評論社）。

幻想的な自伝小説。多くの青年がそれを貪るように読んだ。

伝説の温泉・高湯に旅

うっとうしい梅雨が明け、夏日が照る。気分は悪い。温泉にでも行って「脳の不健康」を解消しよう。そう決めて大正七年七月、郷里の福島に遠出した。この一一月、満六歳になる娘の美代子も同行。我が子の湿疹の治癒やリュウマチで悩む母の見舞い、恒例の軍の簡閲点呼への参加も兼ねての旅であった。

七月三〇日の午後一一時。上野駅から夜行に乗る。美代子にとっては一年半ぶりの里帰り。幼年画報や絵本、線香花火を母から持たされ大はしゃぎである。

朝方、福島市を通過。信夫山、弁天山を車窓に仰ぎ、半田山麓の伊達駅から桑折駅に着く。駅から西へ高舘山に向かって五〇〇メートル程歩き、睦合村・万正寺七曲の桑折温泉に到着。リュウマチの病に効くといわれる湯場だ。六年前、産ヶ沢川に接する薬師堂下で井戸を掘ったところ、六五度の鉱水が噴出したという。以来、温泉通りは湯治客で賑わう。

「やあ、久しぶり。親父さん、お袋さんも来ているよ」と駅で会った鉱山師が言う。案の定、宿には父の倉吉と母のシケが女中の八千代と共に来ていた。シケはリュウマチで手足を動かすこともままならない。梁川の診療所に通院。定義如来を祭る宮城・西方寺に伝わる漢方薬「退リュウ散」が効くとか、名僧の灸がいいとか、いろいろ人は言うらしい。三〇日間、温泉にもつかってみたが一向に良くなる気配はない。諦めて皆が半田村の実家に帰る。

八月二日の軍事点呼を終えた隈畔は、四日、吾妻岳の高湯温泉へと向かった。湿疹の美代子と、一五歳になる妹・淑も同行。娘は叔母に当たる淑を「あねやん、あねやん」と呼び笑いを誘う。

福島駅で米沢に向かう奥羽線に乗り換え、明治三二年に開業した最初の庭坂駅で下車。そこから二里半、山道を歩いて登る。庭坂村は旧米沢藩との藩境。砂利道の坂は険しく峠を越えるのは一苦労だ。途中まで人力車でいくこともあるが、一般の庶民は馬以外は歩くしかない。

停車場前の茶屋で荷物を担ぐ「しょいこ」を二人雇う。

頑丈そうな五〇がらみのおばさん。美代子と荷物をそれぞれ背負う。灼熱の太陽が照り付ける。歩くたびに砂埃が舞う。途中の茶屋で休憩。サイダーやラムネを飲む。皆の首筋から汗が滝のように流れた。

茶屋の親父の話では最近、山の中腹で鉄鉱を発見。採掘が始まった、という。道理で行き交う山狂いの鉱山師が多い。一攫千金を狙う黄金崇拝熱は健在だ。驚く程たくましい。

歩いて数時間。谷間から硫黄泉の卵の臭いが立ち込める。明治元年に仮小屋から始まった玉子湯を過ぎ夕刻、やっと目的の温泉場に着く。

県北部に聳える標高二〇三五メートルの活火山・吾妻連峰。その山麓に開けた高湯は、戦国の世が終わり徳川の時代が始まる慶長一二年、宍戸五右衛門、菅野国安によって開湯されたという。

以来、大正まで三〇〇年。高い抗酸化力を持つ硫黄泉が皮膚病を始め万病に効く。古くから人気は高い。一部が三階建ての木造の宿が三軒。右に安達屋、左に信夫屋と吾妻屋が軒を並べる。明治三三年に作られた「福島県岩代国信夫郡・高湯温泉」の絵図の通り、その位置は昔から変わらない。

信夫郡・伊達郡の藩主が交代するたびに、湯役銭の課税に悩まされた。戊辰戦争では官軍の拠点となることを恐れた米沢藩に湯殿を全て焼き払われたこともある。明治二六年には吾妻山が大噴火。噴煙は二〇〇〇メートル上空まで達し甚大な被害を受けた。それでも湯守達が「浴療者の便宜」を図ろうと立ち上がっては再興した。この伝説に満ちた湯治場に客足が止まることはなかった。

どの宿も満杯。隈畔一行は、代々、遠藤権治郎が継ぐ吾妻屋に入ったがあいにく満室。相部屋で、と促されたが、予約客が来ない一部屋に通された。

宿の前の広場に立つと眼下には広大な信達平野が広がる。東の彼方に聳える霊山の峯。平原と川と深山の森。三カ月前に書いた創作ファンタジー「孤独の行者」の心象風景は、まさしくこの天地がモデルであった。

湯につかった後、持参した「オールドスコッチウィスキー」を飲む。「神秘な涼味」。部屋の縁側で、疲労し傷ついた我が身と心を癒す。

六日目の朝。帰途に就く。何か言いたいことがあるような面持ちで旅館の主人が挨拶に来る。

「この吾妻屋には、二年前の大正五年でしたか、アララギ派歌人の斎藤茂吉先生が馬で来られて逗留されたんです。その時に『五日ふりし　雨はるるらし　山腹の吾妻のさ霧《ぎり》　天のぼり見ゆ』と詠まれました」と自慢げに語る。茂吉は山形県村山の出身。隈畔とは二歳年上の同じ東北の人だ。

「お客さんは半田村からいらしたとか。あの大文学者の野村…隈畔を知ってますか」

「それは私です」

「へえ！　やはりそうでしたか。それは誠に失礼しました。それでは福島の渡利にいらしたのもあなたですか」

「ええ、そうです。渡利に越した時は地元の新聞記者がいろんなことを書いたものですから。甚だ不名誉になりました」

「いや、不名誉どころではありません。私こそ大変に失礼を。お部屋に上がって先生にいろいろとお話を承ればよかった」

　主人は申し訳なさそうに残念がった。

　聞けば、数年前、東京の読売新聞の記者が投宿。『第三帝国』の論客・隈畔のことをよく知っていた。その客が隈畔に因み一詩を詠んだ、という。表具したその詩の掛け軸を奥からわざわざ持ってきて披露した。

その記者とは、華山派・石田派の内紛事件の折、読売新聞に「第三帝国・動揺」の記事を書いた記者に違いなかった。

門外漢と言いながら文人・墨客に敬意を払う宿の主人。すっかり慇懃になり、玄関で平身低頭、一行を見送った。

自我批判の哲学を確立

幻想小説には、自ら探り当てた自我の精神を「山の精」として登場させた。

自己の奥底から湧き出す自由で創造的な意欲。その純粋な生命こそが自我の本性ではないか。閃きにも似た覚醒。「遂に一切神秘の鍵を摑んだ。『純粋自己意欲』は、余にとって非常に大いなる発見であった」と、その時の感動を書き残している。

隈畔が、自我の鉱脈として探り当てたその理論を、『自我の研究』にまとめ大正三年、警醒社から発刊。更に思索と煩悶を重ね、自我の本性を探求。大正六年に『自我を超えて』（警醒社書店）、大正八年に『自我批判の哲学』（大同館書店）を刊行。隈畔の「自我の哲学」三部作として完結していく。


ある日、原稿依頼で雑誌記者が自宅に訪ねて来る。しばし哲学談義となる。

「野村先生は、ベルグソン派ですよね。日本のベルグソンたれ、という期待の声もあったようです」

「先生、と言うのはやめてほしいね。背中がかゆい」

「明治四三年に『ベルグソンの哲学的方法論』を西田幾多郎先生が書きました。日本で最初のベルグソン哲学書でした。それが口火となり大流行しましたね」

「碩学・西田先生に恐れ多いが、私も『ベルグソンと現代思潮』を書き上げた。それまでは唯心論か唯物論か、で人間の真相が語られてきた。二元的な認識論。カント派も新カント派もその限界を乗り越えられなかった。ベルグソンはそれを超越した。『純粋知覚』いわゆる『直観』という生命への共感で人間の存在を把握できる、としたんだ」

「その直観で捉えられる実態とは、何だったんですか」

「難しいことを分かりやすく言うことは難しいんだが…。でも君に分かってもらえなければ哲学の意味はないからね。ベルグソンは、瞬間瞬間、無限に連続し、創造し、発展する脈動こそが、一切を支える根本である、としたんだ。それを『純粋持続』と名付けた。生命の創造と進化。これがベルグソン哲学の核心だったんだ」

「その独創的で深遠な発想が、二元論で凝り固まった社会に風穴を開けることになったというわけですね」

「その通り。金や物が全てと考えるギスギスした世相。一方で、現実と遊離した空想に流される風潮。その双方を打ち破り、人生や社会に生き生きとした躍動感を与えるもの、と人々は受け止めた。その意味で、ベルグソンは哲学的天才といえる」

「隈畔さんの哲学は、その延長線上にあるんですか」

「そうと言えないこともないが、独自のものだ。ベルグソンといえども『創造と進化』の具体的な中身が実は曖昧なんだ。その本体について混同があり明確でない。それがオイケン等に迷妄と批判された」

「凡愚の私には今一つ分かりませんが、その独自の自我論とはどういうものなんですか」

「生命の脈動といっても、その純粋経験がどこにどのように現れるか。発展過程が具体化されない限り単なる観念論で終わってしまう。いかにして、その実態を解明していくか。そこに私の悩みがあった」

「その悩みの末に、純粋自己意欲というものの存在に着目した、と」

「そうなんだ。自己という存在は厳然たる事実だ。自己はあくまで自己であり、自己以外の存在にはなりえない。その意味で自己は絶対的な存在だ。そこに直接経験としての要求も価値も努力もある。生きる意欲に溢れた脈動する生命。それはまさしく自我として現れる。その自我から自由も創造も発展も生まれる。その具体的な舞台が生活であり、文化であり、社会である。それが自我の真相だ、ということに思い至った。私はその根本となる自我の力を『純粋自己意欲』と呼んだ」

「少し分かってきました」

「例えば、種子には根も花も実もない。しかしその種子から、なぜか根も花も実も生じてくる。生じて初めて種子の持つ本性が分かる。そこに無限の創造力が内在していることを知るわけだ」

「なるほど。隈畔さんにとって、それは大きな発見だったわけですね。論理的にはそれで全て解決ということに…」

「ところがそうでもない。もう一つ、重大な問題があった。今度はその『脈動する自我』を本当に覚知できるのか。自身の生命の上に実感されなければ意味はないんだ。どうすれば覚知できるか。また苦闘が始まり、煩悶が私を苦しめた。それで一つ悟ったことがある。

信仰という問題なんだ」

「きっかけがあった、と」

「そう。私は福島のある寺院に行った。そこで仏の概念ともいえる永遠なる生命の厳粛な存在に触れた。永劫への敬虔な祈り。絶対的な信仰心。信じて疑わない。その覚悟の中に普遍的な実在を実感した。理の世界ではなく信の世界がそこにあった。天が晴れれば地はおのずと明らかになる。概念から実在に迫ろうとした、つまり理屈で真理を解き明かそうとした。その誤りに気づいたんだ」

「真の覚醒とは、そうした信仰の世界から生まれるものなんですね」

「そういうことだね。概念の再構築を迫られてね。大正七年の夏だったか。『純粋自己意欲』の内在的論理が見えた。『形而上性』『当為性』『自由性』という三つの自覚が発展的に内包されていることが分かった。それが私の自我の哲学の核心となった。カントが『理性批判の哲学』、ベルグソンが『直観批判の哲学』とすれば、私は『自我批判の哲学』といってもいい」

西田門下で左派の哲学者・舩山信一は、山川均や大杉栄と比較しながら、ベルグソン解釈の正しさは隈畔の方が優れている、と指摘。在野の哲学者と評価している。

隈畔の説明に、記者はいかにも分かったような顔で帰っていった。

第六章　権力の国より自由の国へ

幻に終わった「学位」

「学位論文提出は見事に失敗さ。僕は失敗しても元より平気だ。ただ老衰した博士達を驚かしてやったに過ぎない」

大正八年九月末、学位審査が不合格に終わった。弟に対し自嘲気味に書き綴った手紙。その皮肉を込めた文面には悔しさが滲み出る。

一カ月程前、自身の自我論の論文を京都帝国大学教授の波多野精一に提出。博士号取得への挑戦を試みた。

波多野は日本哲学界の重鎮で、療養生活を送っていたが病も快復。早稲田大学から京都に転身していた。前年には、カントの『実践理性批判』を共訳で発刊している。

隈畔は、かつて彼に自著『ベルグソンと現代思潮』の序文を依頼。その折、「文章は明瞭。論旨は徹底。近頃の好著述」と賛辞の手紙ももらっている。学位論文も、何とか認めてくれるかもしれないという気安さもあった。

九月に入って大学の専門学務局長から正式な通知が届く。

審査結果は「不合格」。「論文の研究及び態度において学究的ではない」というのがその理由であった。

波多野の推挙があっても大学の審査会が通らなければ学位の授与は叶わない。無理かもしれない。そう思ってはいたものの、大学当局がどう評価するか、知りたいとも思った。それにしても「学究的ではない」とはどういうことか。

研究論文が学術的なレベルに達していないなら、諦めもつく。しかし、「態度において」も学究的ではない、と。その一言が胸に突き刺さる。理由が不明で合点がいかない。態度とはいわば人物評価だ。「小学校卒の学歴しか持たぬ者」に学位を求める資格はない、とばかりに一刀両断で切り捨てられた気分になった。

明治一九年発布の「帝国大学令」では、入学資格者が高等中学校以上の卒業者と定められた。しかも「学位令」では大学院に進み試験を経た者が資格を持つ。その上、大学の教授会、評議会の推薦・議決で博士の学位が決定される。

確かに隈畔は三重の意味でその資格がない。壁は圧倒的に厚い。法令上は全くの無資格者。事実、小学校卒の者が学位を取得した例はない。悪しき前例を残すわけにはいかない。権威ある伝統を持つ大学をなめてはいけない、とばかりの門前払いか。

もう一つ思い当たるふしもある。この春、隈畔は、当の京都帝国大学の重鎮・左右田喜一郎の文化主義論を問題視。「空疎な抽象論」として徹底して反論した。その大学の権威をつぶすような批判的な「態度」が当局の心証を害したのか、と穿ってもみた。

大正三年から八年までの五年間で四冊の哲学書を世に出した。貧困の故に進学もできず独立独歩の研究。論文提出は、その〝学問の徒〟が〝哲学者〟として学術界で認知されるか否かを問う試金石でもあった。研究内容には密かな自負もあった。

それだけに隈畔の胸には、無学歴の悔しさと共に、最高学府といわれる権威の冷淡さに虚しい怒りが湧く。厳然たる学歴社会の壁。頑迷な官僚主義。真に自由な学問探求の上で、その大学側の「態度」こそが学究的ではない、と思う。

元々、「博士」という世間の評判がほしかったわけではない。一つの腕試しのつもりでもあった。隈畔の前例のない冒険はまた、「老衰した博士達」を充分に驚かせた。その点、硬い壁を突く〝蜂の一刺し〟になったと内心、溜飲が下がる。

「官学アカデミー」と「在野アカデミー」の壁はどこまでも厚い。

全ての人々に開かれるべき学問。その門戸は、学閥や既成の慣例によって固く閉ざされたままだ。貧富によらず誰でも教育を受けられる機会均等の権利意識もまだない。

教育界の特権的な排他主義。それは何も大学に限ったことではない。皇国史観を絶対権威とする一般の教育現場でも起こっていた。

近代日本で幸徳秋水、牧口常三郎と共に、「世界市民」の概念を宣揚した人物とされる内村鑑三。その内村も、嘱託の教員時代、「教育勅語」に拝礼せず不敬罪の誇りを受けた。不当な排斥。手痛い社会的迫害を乗り越え、言論人として反権力の信念を貫いた。

隈畔が住んだ下谷区の小学校校長で、在野の教育学者でもあった牧口もまた、大正八年、東京市教育局の圧迫から理不尽な左遷の憂き目を見る。『人生地理学』を著述。哲学と並んで〝学問の母〟といわれた地理学の分野で新境地を開いた。『第三帝国』誌上で隈畔と果敢に論争した教育哲学者・稲毛詛風も、その画期的な独創性に賛辞を送っている。後年、牧口は日蓮仏法の思想に目覚め、創価教育学会を創立。軍部の非人道的な宗教政策を拒否。治安維持法によって投獄され、獄死した。

教育界に限らず、政界や思想界、宗教界にはびこる権力構造。それに抵抗することは容易なことではない。先覚者には決まって反動が起こる。しかし反動なき正義はあり得ない。圧政に立ち向かう果敢な独立心。そこに、変革者の真髄がある。

キリスト者である内村は、生涯、正義のために弾圧と戦った日蓮に、日本人の魂を見る。「海辺の旃陀羅が子」と自ら称し二度の流罪に遭いながら宗教改革の書『立正安国論』を著述。為政者を果敢に諫めた。

英文の『代表的日本人』に、内村はこう書いている。

「私ども日本人のなかで、日蓮ほどの独立人を考えることはできません。その創造性と独立心とによって仏教を日本の宗教にした」（鈴木範人訳、岩波文庫）

自由キリスト教ユニテリアンに所属した隈畔もまた、〝今に生きる日蓮〟に思いを寄せ、迫害と人生について言及した。

「現代の日蓮は、決して鎌倉時代の歴史的日蓮の模倣家ではない。殉難と迫害は、歴史が存続し生命の発展する限り持続する」（『自由を求めて』大正一一年二月、京文社）

自ら「田舎の旃陀羅の子」と公言する隈畔。「無学歴」というレッテルの故か、一片の通知書で大学の白い巨塔から排除された。世間の表に出ることもなく、当時の学令上、やむなきことと思われた〝学位不合格事件〟。隈畔にしてみれば、弱者に対する一種の社会的迫害としか思えない。自身の無力さを身に染みて痛感する。

そのほろ苦い経験は、国家主義によって教育当局の言論封殺を受けた森戸辰男、帆足理一郎と共に隈畔自身もまた筆禍事件で弾圧されるという形で表面化していく。

東北人は、失意を跳ね返す粘り強さを持つ。隈畔はめげることなく、この九月『解放』『雄弁』に論文を発表。『大阪時事』にも「習慣性文化より創造性文化へ」を執筆している。更に、一二月には信州・飯田に出かけ蕉梧堂に投宿。「文化主義の意義及び批評」をテーマに二時間にわたって哲学講演を打った。

言論弾圧の「森戸事件」

政治権力の介入を許す教育界。その危機感から、学問の独立を守ろうとする激しい抵抗運動が広がる。差別的な現状に反発する隈畔もまた、その渦の中に否応なく巻き込まれていった。

「森戸筆禍事件」。それは大正九年の年頭に起こった。

「学問の自由」を守るか、「権力の下僕」と成り下がるか。大学の独立。言論の自由。その普遍的な価値が大きく揺れ動いた。

東京帝国大学助教授の森戸辰男。雑誌『経済学研究』一月号に「クロポトキンの社会思想の研究」を発表。これが「社会の安寧・秩序を乱す」として新聞紙法違反となる。

警察当局は雑誌を発禁処分。森戸と発行・編集人の大内兵衛を起訴する。大学当局もこの助教授二人に対し不当にも休職処分を下す。

裏で糸を引いたのが「天皇主権説」論者の憲法学者・上杉愼吉。その国家主義者・上杉を中心とする右翼団体・興国同志会が政治的な策動を企て、森戸の排斥に動いた。経済学部の学生達がこの動きに猛反発。赤煉瓦の三二番教室で緊急の学生大会を開催した。

「大学は何のために存在するのか。大学の使命は真理の究明である。故に、どこまでも自由でなければならない。断固、学問の独立を守れ！」

場内はやんやの喝采。総長と経済学部長、更には上杉と興国同志会に猛省を促す大会決議文を採択する。この学生達の怒りは、法学部や教授陣、他大学にも波及していく。純真な学徒達の反乱。日本における学生運動の走りとなる、いわゆる大学紛争の勃発である。

ロシアの政治思想家・クロポトキンは革命家でもある。モスクワの富豪の家に生まれるが、農奴や農民社会の窮状に胸を痛める。国家を廃したアナーキズム、いわゆる無政府主義に傾倒。ペトロパヴロフスク要塞の牢獄に投獄される経験を持つ。

第一次大戦終結の前年。大正六年にロシア革命が起こる。皇帝ニコライ二世を退位させる二月革命、レーニンによる社会主義政権が樹立した一〇月革命と激動が続く。亡命先のイギリスからロシアに帰国したクロポトキンは、権力を中央に集中させる共産主義下の国家体制を拒否。分権的な無政府共産主義を主張する。

「民衆と共に真理と正義と平等のために闘う。これ以上の尊い生活はない」

はげた頭。細い縁の眼鏡。胸まで届く豊かなあごひげ。その丸顔の風貌には、革命に生きる信念がみなぎる。

アナーキズムは、ギリシャ語で「支配がない」ことを意味する。

この革命理論は、世界の各地に伝播。日本では幸徳秋水や大杉栄等が影響を受ける。幸徳は、獄中で思想に共感。クロポトキンの『パンの略取』を翻訳するほどの傾倒ぶりであった。国家権力の支配を拒否する幸徳等の運動は、政府転覆を謀るものとして弾圧の対象となった。

その典型となった大逆事件。この時、作家・徳冨蘆花が第一高等学校で「謀叛論」の演説を打った。蘆花は「私は天皇陛下が大好きである」と断った上で「これは死刑ではない。国家による暗殺である」と烈火のごとく政府を批判。

「諸君、謀叛を恐れてはならぬ。自ら謀叛人になることを恐れてはならぬ。新しいものは常に謀叛である」

万雷の拍手が場内に鳴り響く。

この講演会を企画した一人が当時、旧制一高・雄弁部の学生であった当の森戸であった。そのことを当局は知っている。

あれから九年。事件後、下火になった社会主義運動が再び復活の兆しを見せていた。

共産革命によって君主国家が滅亡したロシア。翌年、ドイツでも革命が勃発した。日本でも同年の大正七年、米騒動が起こる。民衆運動が全国的に拡大。こうした国内外の動きが、天皇を君主とする国体の瓦解に結びつくことを政府は極度に警戒した。

当局が目を光らせる中、森戸がクロポトキンの論文を発表する。発行人の大内もマルクス経済学者。かつての無政府主義者・幸徳に心酔する者を当局が見逃すはずはなかった。

一方、同じ時期の一月一六日から七回、吉野作造が「クロポトキンの思想の研究」を東京朝日新聞に連載。その民本主義を主導する吉野のクロポトキン論には当局のお咎めはない。国体を否定することのない吉野には、捜査も起訴もない。

それに対し、森戸の論文は単なる経済理論ではない。国体を否定しアナーキズムを宣揚する啓発思想。黙って見過ごせば、それに影響された新たなアナーキストの連中が出てくる。森戸論文がその導火線になりかねない。早いうちに徹底的に封じ込める。起訴した検察当局の意図は明らかであった。

学界や言論界に激しい論争が起こる。三つの論点で論壇が炎上した。

一つは、クロポトキンの理論は、本来社会を乱す思想か否か。

二つには、森戸論文は、純粋な学術研究論文かプロパガンダ論文か。

三つには、刑事事件化、懲戒処分は、学問の自由と独立の侵害か否か。

各紙も連日報道。『改造』『中央公論』『雄弁』『解放』等、各誌も毎号のように取り上げた。

反権力に立ち上がる文化人

文化人達が結成した文化学会も黙ってはいない。

その一員である隈畔も『中外新論』二月号に「森戸助教授問題」を執筆。「ほとんど熱涙を抱くほど激昂した」と述べる。

大正九年一月二〇日午後五時、神田万世橋のミカド亭。隈畔を始め、大山郁夫、北澤新次郎、杉森孝次郎、井篦節三等、二〇数名の学者・文化人が集合。気勢を上げた。友人で復刊『第三帝国』主宰の石田友治もこの集会に駆け付けた。

「この事件は、単に東京帝大の問題ではない。旧思想と新思想の闘いだ！」

「我々は思想言論の自由を守るのが使命。普遍的な価値を踏みにじる暴挙は許せない！」

「他の思想団体にも働きかけ合同大会を。広く世論を喚起しよう！」

「帝大の総長、学部長の責任を問い、辞職を勧告する。大学の改革を断行せよ！」


これを契機に、吉野作造が率いる黎明会も含め「思想団体連盟」が結成。高らかに宣言を発する。

「今や思想上の恐怖時代。これを打破し、偽忠君の危険思想を撲滅する。その上で真の国家の文化発展を築くべきである」


大学の教授達で「大学改造同盟」も発足。衆議院の予算分科会でも追及の矢が飛んだ。

「社会主義の研究者と社会主義者とは区別すべきである」

「起訴はやり過ぎ。せいぜい『注意』が妥当である」

激しい論戦が戦わされたが、正論は通らない。司法当局の采配に政府も容認の構えであった。


森戸事件の第一回公判が開始された。

東京地方裁判所刑事第一部の法廷。三一日午前一一時、花形の若い経済学者の裁判とあって傍聴席には大勢の人々が詰めかけた。

その数は三〇〇人を超す。隈畔も石田と共に駆け付ける。中折帽子に黒の背広。紺の外套を着こんだ森戸。ステッキを右手に笑顔で悠々と現れる。続いて大内も出廷。写真を撮る記者に向かって軽口をたたく。

「大悪人だという者の写真を撮ってどうするんだ！」

特別弁護人はクロポトキン研究でも知られる吉野作造である。

開廷宣言の後、「公安を害する恐れあり」と、わずか五分で「傍聴禁止」を決定。皆が法廷外に締め出される。検事、被告人、弁護人それぞれの陳述の後、一時間半で初回の非公開公判は終わった。

隈畔と石田友治は帰途、銀座の小料理屋に立ち寄り昼食。久しぶりに懇談する。

隈畔「体調がすぐれないと聞いてたが、元気そうだね」

石田「ああ、二年前の出獄の後、卒倒して以来、減った体重が戻らなくてね」

隈畔「今日の傍聴禁止には驚いた。君の時もそうだったのか」
石田「そうだ。俺が被ったのは新聞紙法の第四二条『朝憲紊乱の罪』。その前項の第四一条『安寧秩序侵害の罪』より重いからなおさら公開禁止だ」
隈畔「当局も相当警戒しているね」
石田「今回も、弁護人の吉野さんが思想論争に持ち込んだが、当局は理論の是非など関係ないんだ。目的は、無政府主義者等、国家を非難する朝敵を摘発することにある」
隈畔「その見せしめの意味もあるな。言論の自由も風前の灯だね」
石田「そうだ。言論人として権力にどこまで抵抗できるか。肝試しみたいなものだ」
隈畔「筆を持つ者は、いつも筆禍にかかるものと覚悟してかからないといけないね」

その石田自身、下獄の経験を持つ。

石田が主幹を務める復刊『第三帝国』。その大正六年一月号に田川大吉郎の論文「人道上より見たる日本と英国の政変」を掲載。「日本帝国の政治は、依然としてその昔の徳川幕府の状態にある」と論じた。それが「皇室の冒瀆に当たる」と当局の標的にされる。

発行人、編集人、印刷人を兼務する石田も起訴。禁錮三カ月の刑を受ける。九月五日に入獄。一二月五日に出獄した。

「書を読めば　囚衣の身にあるを　忘れる今朝の秋」

東京監獄の獄舎。本を読み、俳句を詠む。それ以外にやることはない。

歌人の与謝野寛が励ましの和歌一〇首を贈る。

「人の身よ　戦わざれば生き難し　このことわりの　いたましきかな」


釈放の日の午前一一時。獄門の前で、友人、家族等と共に隈畔も出迎える。涙を流して感激した石田。用意した人力車を断り、歩いて自宅に帰る。

獄中三カ月。体重は七キロ以上減った。体力が衰弱。出獄後五日目の朝、自宅の便所で卒倒し床に就く。以来、体調が悪い。


権力との戦いは、気力と体力をかけた戦いになる。

石田との会食の後、隈畔はそう思いつつ帰途に就く。「いつでも筆禍にかかる覚悟を」と言った、そのわずか一カ月後、自身もまた弾圧を受け、筆禍事件の当事者になる。

「新聞紙法」は明治四二年、桂内閣の下、新聞紙条例に替わる言論統制の武器として制定される。

新聞及び著作物において「安寧秩序を乱し、風俗を害する事」（第四一条）、「皇室の尊厳を冒瀆し、政体を変改し、朝憲を紊乱せしめる事」（第四二条）に該当する場合、禁錮刑及び罰金刑を科す、という悪法であった。

何が「安寧秩序」を乱すことに当たるのか。

改変を罪とする「政体」とは何を指すのか。

「朝憲」とは何を意味するのか。

そこに具体性はない。曖昧なだけに判断は現場の官憲に丸投げ。上官への忖度と拡大解釈が横行した。罪のない人まで検挙されるという悲劇があちこちで起こった。無政府主義者でも社会主義者でもない人間まで、政権を批判する朝敵として逮捕された。

この言論統制は、更に強化され大正一四年に「治安維持法」として成立。第二次大戦後、GHQが廃止を指示する昭和二〇年まで二〇年間の長きに及ぶ。

この人権弾圧による検挙者は、成立後、確認されただけでも一〇万人を超える、との記録もある。それ以前の明治、大正期を含めれば膨大な数になる。

言論の自由か、抑圧か。勇気ある人々が次々と立ち上がり、人間の復興を叫ぶ。その大正ルネサンスの時代は、人間の正義を天秤にかけて戦う人々が渦巻く星雲期でもあった。

筆禍となった国家批判の論文

森戸事件で騒然となる中、『青年改造』二月号が発売禁止となる。やり玉に挙がったのは、早稲田大学教授・帆足理一郎。論文「支配より監理へ、制御より自治へ」が筆禍となった。

続いてその一カ月後に、今度は『内外時論』三月号が発売禁止。掲載論文の「権力の国より自由の国へ」を執筆した隈畔が摘発の対象となる。

一月に森戸、二月に帆足、三月に隈畔と三カ月連続で、新聞紙法違反を発動する。異常な事態であった。人間性に目覚める民衆。自由を鼓舞する言論界。そのデモクラシーの風潮の高まりに、官憲側は一段と神経を尖らせ、警戒感をあらわにしていった。

司法当局と学者・文化人の全面対決となった筆禍事件。連日の大々的な報道で社会の注目を集める。

森戸事件は、一月の第一回公判から第二回、第三回と続き、三月三日の第四回公判で判決。裁判は控訴審に移る。

「森戸辰男、禁錮二カ月」―翌四日付の新聞に判決の全文が掲載される。

隈畔論文で発売禁止になった『内外時論』の編集発行人・住居房治が隈畔の下に飛んできた。

「野村先生、森戸さんは残念でした。検察は不服で早速控訴したようです。次は帆足さんです。三月末に公判となります。それが終わって、いよいよ執筆者の野村さんと発行人の私が起訴される番ですね」

「そうですか。呼び出しは来月になるかな。覚悟の上です。待ちましょう。帆足君は去年、早稲田大学の教授になったばかりで、気の毒だね。頑張ってほしい」

三年前、隈畔はその帆足理一郎と『六合雑誌』誌上で論争したことがあった。それ以来の付き合いだ。

帆足は、三つほど年上。皆がドイツ哲学に傾倒していく中で、英米の哲学普及に精出す論客の一人である。米国の宗教哲学者・フォスタァの「宗教認識論」を翻訳し、『新人』に掲載。

それを読んだ隈畔が批判する。

「自分は目下、心に光明を求めて宗教問題に没入していたので、興味がそそられたが、その内容に全く失望した」

『六合雑誌』（大正五年一一月号）に掲載されたその隈畔の論文を、シカゴ大学留学中の帆足が読む。

帆足は隈畔に反論。「宗教認識論に就いて」（同誌大正六年二月号）を執筆する。

「野村氏の鋭い批評眼に触れ、痛ましくも絶望の声をあげしめたのは私の筆の稚拙さによる。さればプラグマチズムの立場から認識論の一端を述べる」

翌月、これに対し隈畔が再度反論。「宗教認識論に就いて帆足君に答う」（同誌三月号）を書く。

「帆足氏は米国より一文を送り、私の浅薄な批評について大いに指導されたのは、読者と共に喜ぶ。私の認識論に対する意見をフォスタァ博士に伝達してくれたまえ。その回答を日本に紹介してくれれば読者にとって満足である」

論戦しても仲が悪いわけではない。知と知の衝突。そこに新たな真理が醸成されると、お互い分かった上での論戦だ。面目躍如たる言論人の気概。それが今回、期せずして共に筆禍を受け、反権力の思いを共有する。

前年「自我批判の哲学」を確立した隈畔。以前の鬱々とした内省的な煩悶から解放され、ますます自分の哲学に自信を深める。以来、外に向かって積極的に言論の矢を放つ。

この頃盛んになった文化主義、民本主義論争にも積極的に関与。絶対自由の自我の哲理の上から自身の立場を明らかにしていく。筆禍事件もその延長線上にあった。

自我論の民本主義

貴族主義的な藩閥政治。その反発から「民のための政治」が叫ばれる。「民本主義」の台頭である。その論戦の旗手が吉野作造であった。当初、『第三帝国』の茅原華山が「民を本とすべし」と民本主義を唱えたが、軍本主義の対立概念としての政治的スローガンでしかなかった。体系化したのは吉野である。

大正五年『中央公論』一月号に「憲政の本義を説いて其の有終の美を済《な》すの途を論ず」を発表。藩閥を批判し、政治の根本は「民の至福」を実現することにある、と訴えた。

天皇主権を前提に、政治の権能は「民」のためにある、とする。それは国家の「存在の概念」ではなく「運用の概念」であった。国民に主権がある、とする戦後民主主義とは異なる近代日本のデモクラシーでもある。

隈畔は、この明晰な政治学者の吉野と森戸事件で出会う。

六歳年長の吉野もまた同じ東北人。宮城県大柿村出身だ。田舎の綿屋の長男。幼名を作蔵といった。明治二五年、尋常中学校の第一期生で卒業。東京帝国大学に進み教授となった。秀才だが決して裕福とはいえない庶民の出。「民」の血が脈打っている。

「路行《みち》かざれば到らず　事為《ことな》さざれば成らず」

郷里の宮城県大崎市にはきっぱりとした覚悟を刻む碑が立つ。吉野の思想は、民衆の痛みに寄せる庶民感情の上に立っている、と隈畔は思う。

「政治論としての民本主義」に対し、隈畔は「自我論としての民本主義」を説く。

『六合雑誌』（大正八年四月号）に論文「個人主義及民本主義の文化的意義」を発表する。「民本主義は特権的な貴族主義と対峙する。民衆の自由と平等を要求する。その精神的自覚は今や、疾風の如く押し寄せている。政治は人々の生活や文化の上に成り立っている。その根拠は、個人主義である」

「個人主義は、自我の根底を成す純粋な自己意欲が燃焼する体験であり、行動である。その生命の力の必然的な結果として絶対の自由があり価値がある。その自覚に基づく徹底した個人主義の発展が、民本主義である。世界がいかに変化しようと、人間の『自由』という永遠の支配を脱することはできない」

この自由思想が、筆禍の元となる論文「権力の国より自由の国へ」の下敷きとなった。論文が当局の逆鱗に触れる。「国家の体制を揺るがしかねない」とばかり、即座に掲載誌が発売禁止となる。

当局は何を恐れたのか。

大正デモクラシーは、「民意」を重くみる。言い換えれば、個人の意思を尊ぶことだ。その個々の「自由と権利」が徹底して強調されれば権力の主体である「国家」の基礎が崩れる、と危惧した。

その観点からみれば、隈畔の論文は、絶対自由を持つ「個人」が究極的には「国家」に優先することになる。その考えを宣揚することは、国家の存在を脅かす「朝憲紊乱」に当たる、と踏んだ。国家主義の典型だ。

隈畔は社会主義者でも無政府主義者でもない。一哲学者である。その言説は学問研究の範疇に属する。にもかかわらず当局は、その言説に警戒感をあらわにした。

背景にはベルグソン哲学が、社会主義者の大杉栄に大きな影響を与えたことがある。大杉はベルグソンの「創造的進化論」を再解釈。そこに革命の可能性を見い出した。無限に発展する「社会進化論」として転用。無政府主義は限りなく進化し発展する、と説いた。

その考えが少なからず左翼運動に理論的根拠を与えた、といえる。

隈畔の、人間の自由を説く自我哲学も、アナーキスト達に不必要な言質を与えることになってはならない、と当局が邪推を働かせたに違いなかった。

言論とは、「言葉」の集積である。その近代の言語は、人間の自由や解放を意図する。その瞬間から言葉が、国家像を語る「有効な力」になる時代に入った。そのことを権力の側は、好むと好まざるとに関わらず認めざるを得なくなった。

それ故に、政府は暴力と同じ次元で「言葉」を取り締まる。人に「言葉」を与えることではなく、人から「言葉」を奪う側に立つことで権力を誇示した。

そうした執拗な言論封殺にどう立ち向かうか。

思想団体連盟は、三月一八日、万世橋ミカド亭で緊急の会議を開く。

筆禍を受けた森戸、帆足、隈畔等三人の法廷闘争について、弁護士の布施辰治を始め石田友治、堺利彦、生田長江等が参集。それら思想家達の議論は五時間にも及んだ。意気も盛んに皆が一致して権力と戦い、当事者を擁護することを決議した。

予想通り、隈畔にも出頭命令書が届く。大正九年四月五日、司法省に出向くと、起訴が通告され、新聞紙法違反の「被告人」となった。いよいよ裁判闘争の開始である。

この三日前、心配する郷里・伏黒の友人に手紙を送っている。

「例の件、いよいよ事実となって現れ、来る五日検事局に出頭することになりました。私はむしろ、こうした機会の到来をうれしく思います。何も思い煩っていません。パウロが言ったように『神はその時に言うべきことを教え給う』ということを自覚しています」

更に、病気療養で伊豆に行っていた児童文学作家・小川未明にも手紙で覚悟の一端を吐露する。

「いよいよ私も奮闘の火中に飛び込みました。永遠の自由と愛のために最後まで戦うつもりです。勝敗は元より眼中にありません」

小川も文化学会の一人。クロポトキンの人道主義に共感を寄せる。

ある酒席。隣り合わせた親友の加藤一夫に問いかける。加藤は「土の叫び地の呟き」を書いた民衆派の詩人。権力に抵抗を覚える理論家でもある。

「俺は禁錮刑になるのかね」

「無論さ。あんな馬鹿なことを書くんだもの」

一刀両断で即座に答える友人。筆禍を避けようと思えばあんな「馬鹿なこと」を書く必要は確かにない。同情心とはいえ無遠慮な言葉に苦笑するしかない。

起訴された以上、無罪で終わることはあるまい。隈畔の頭に「投獄」の二文字がちらつく。

そう言う加藤も荒畑寒村と自由人連盟を立ち上げる。六月に大阪の天王寺公園公会堂で講演会を開催。百名近い警官が配置される中で演説し、解散を命じられている。

「禁錮二カ月」の判決

裁判がいよいよ始まる。石田等、関係者が集まり綿密に打ち合わせ。人権弁護士として名高い布施辰治に弁護を依頼する。前年の大正八年には刑事・民事で二〇〇件を超える判決を手がける名うての弁護士だ。この年九年にも法律新聞に「言論取締の威嚇」の一文を掲載。圧力を強める司法局に猛烈な反省を促した。布施自身、権力との戦いの只中にあった。

聞けば、布施は隈畔より四歳年上。宮城県蛇田村の農家の生まれという。自分と同じ百姓の出だ。自由民権運動の支持者であった父の下で育ち勉学に励んだ。

明治三二年、立身出世を望まず清貧にして、哲学を学ぼうと上京。やがて明治法律学校（明治大学）に進み法曹界に入った。

宇都宮地裁での検事代理の頃。親子心中を図って自首した母親を殺人未遂で有罪にするには忍びない、そう言って「桂冠の辞」を発表。辞職して弁護士に転じた熱血漢だ。

弾圧に苦しむ社会的弱者を擁護。人権弁護士と慕われた。数多くの朝鮮人を救ったことで「日本のシンドラー」との世評もある。後年の平成一六年、韓国から「建国勲章」を贈られている。

出身の石巻の公園には顕彰の碑が立つ。そこに布施の言葉が、こう刻まれている。

「生きべくんば民衆と共に、死すべくんば民衆のために」

同じ東北の出身。民衆に心を寄せる実直な人柄。敗北も辞さずという隈畔の一途さに、布施は心を動かされ弁護に全力を注ぐ。

石田「弁護陣を厚くするため、布施先生の他に特別弁護人を申請しよう」
隈畔「いや、布施先生お一人でいい。皆の思いは有り難いが、刑は元より覚悟の上。刑の軽重を争うだけであれば、私は自由人として自由に主張したい」
石田「それじゃ、自爆と同じになるよ」
隈畔「それでもいい。私なりに無骨に大胆に戦って死を目指したい」
敗北覚悟で臨もうとする隈畔。その頑固さに、石田も承服するしかない。

五月二四日、隈畔の第一回公判。

「隈畔氏の論文は、帆足氏よりも分かりやすい。従って宣伝力も広い。影響は大である。国家を否定する故に朝憲紊乱の罪が妥当」と検察側が陳述。求刑は禁錮四カ月。「平易で広まりやすい」ことが理由とは全く非論理的と言うしかない。弁護に立った布施辰治が鋭く反論する。

新聞各紙も報道。郷里の地元紙・福島新聞も「隈畔氏、筆禍事件。検事は厳罰せよと論告す」（五月二六日付）と大きく取り上げた。

三一日の第二回公判で、隈畔の判決が出る。

主文「野村隈畔　禁錮二カ月罰金五〇円」。布施の弁護が功を奏し求刑四カ月が二カ月に減刑。検察はそれを不服として直ちに控訴した。

森戸、帆足の裁判も同時並行で進み、控訴審の末、六月に森戸は「禁錮三カ月罰金七〇円」、帆足は「禁錮二カ月罰金五〇円」と確定した。

人情の厚い布施は「私の力不足で無罪を勝ち取れず誠に残念です」と隈畔に手紙を送る。その温かい心が涙の出るほど嬉しい。

隈畔も早速、六月三日、返事を書く。

「御手紙ありがたく拝見いたしました。聞くところによれば、最近の言論裁判に対する司法省の圧迫があったということでございます。近来、思想界の形勢上、さもあるべきことと信じます。過日の判決について御心労下されしはかえって私の意外とするところ。貴方が私と同体となって、熱心に言論の自由のためにご奮闘下されるのを何より心強さを感じ感謝する次第です。判決の如何にかかわらず、民衆のため真理のために、我々の唯一の味方となって下さることをひとえにお願いいいたします」

起訴、法廷闘争と、落ち着かない日々の中で『雄弁』に「文化主義に対する最後の疑問」〈四月号〉、『大観』に「文化の芸術的発展と人類の方向」（七月号）を執筆。

京都の『中外日報』にも短い感想文「団体と個人」を書くが、掲載予定日の七月六日、その「日報」がまたもや発禁となる。

その六日の夜、何を思ったか。

隈畔は、神田青年会館での無産者大会に参加。その怒りを爆発させる。壇上に駆け上がり「革命万歳！」と叫ぶ。

監視の警官が突入。壇上から引きずり下ろされる。

警棒で殴る、蹴るの暴行。神田署に連行され帰宅したのは深夜零時を回っていた。下駄も帽子もなく、破れた衣姿に、妻の次子が驚きの声をあげた。

「あらー、一体どうなさったんですか！」

あの冷静沈着な男が激情に荒れる。初めて見る夫の一面であった。

隈畔も生身の人間。言論で抑圧された怒りをどこにぶつけるか。抑えきれずに「革命万歳」の雄たけびとなった。暴力行為に人権も何もあったものではない。権力機構というものの生の実体を肌身に刻む。

その後、疲労困憊の心身を癒そうと、二三日ふらりと旅に出る。常磐線に乗り土浦駅で下車。土浦館に三泊した後、霞ケ浦の汽船に乗る。出島村沿岸を回遊。志戸崎で下船し

「まがきや」に宿を取った。二九日「これから銚子に向かう」と妻に手紙を出し、犬吠埼に足を伸ばすつもりであった。

青く輝く湖水。空に浮かぶ筑波山。岩場に寄せる波しぶき。何があろうと変わることのない美しい情景。その泰然自若とした自然に溶け込みながら、来るべき入獄への覚悟を決める。

ある日、自宅に一通の手紙が舞い込む。差出人の名はない。匿名の手紙だ。

「貴下の御筆禍を新聞で拝見。遺憾なことです。しかし、一歩も後には引けません。あくまで思想家として勇んで邁進されることを祈ります。些少ですが為替で百円お送りします。私のほんのお見舞いです。あしからず」

隈畔の本の愛読者であろうか。見知らぬ人の真心。これに優る励ましはない。机の上の一通の文と百円の志に向かって、深々と頭を垂れた。

無名の支持者からの檄文は他にもあった。その中に「森戸辰男は『当時の罪人』なり。野村隈畔は『永遠の罪人』なり。万民之を愛す」とあった。

苦笑する外になかったが、権力に抗う声なき声の存在がひしひしと身に迫ってくる。

九月七日、控訴院の第一審。

九月一四日、第二審で「禁錮二カ月」の刑が確定する。

最終判決が出るとすぐ、裁判所から「命令書」が届く。

「判決確定に付き、九月二四日午後一時、検事局に出頭せよ」

入獄の通知である。


出頭の日が決まってからまもなく、小石川の自宅「萩の家」に、恩師の岸本が訪ねてきた。初めての来訪であった。

「筆禍で投獄と聞いて心配していた」

「ご心痛を煩わせて申し訳ありません。私は平気ですので」

「そうか。元気そうで何よりだね。入獄といっても思想家にとっては勲章みたいなものだ」

「私もそう思っています。哲学研究者として世に出させていただいた証。これも先生のお蔭です。二カ月の監獄生活はいい体験になります」

「体を壊さぬことが一番。獄舎で静座法もやりたまえ」

「元気で行ってまいります」

煎餅屋の店先でお茶をすすりながら対話が弾む。師匠に会って隈畔は再び元気を取り戻す。師弟のありがたさを痛感。入獄は、自身の哲学を深める絶好の場と意気込む弟子であった。

第七章　牢獄に束縛されても、心は自由

市谷の刑務所に入獄

あの大逆事件から、すでに一〇年の歳月が流れた。

実であれ不実であれ、二六人の囚人達が断罪された東京監獄。その同じ獄舎に自身も身を置くことになる。当時は、予想もしないことであった。

死刑や終身刑ではない。わずか二カ月の禁錮。とはいえ刑務所に入れば自由は奪われる。たとえ短期でも国家による呪縛に変わりはない。牢獄という極限の空間。そこで何等かの心境の飛躍が果たされるかもしれない。問題はどこまで自分がこの未知の経験に耐えられるか。心中、不安と期待が交錯する。

九月二四日下獄の日。朝からなじみの出版社や雑誌社の友人達が駆け付ける。

数日前から風邪気味で頭は重い。事の次第は妻も分かっている。懸念はない。昼頃まで雑談。入獄したことのある友人が自分の体験を話す。内部の事情や注意に詳しい。

「寒くて体調が悪いと言えば綿入れを貸してもらえる」「担当の看守とは仲よくした方が

いい」

人生初めての経験。種々の助言や励ましに少々気分が楽になる。

「いよいよ〝あそこ〟に向かって一歩踏み出そう」

簡単に食事を済ませ家を出る。妻子は自宅の店先で見送り、三人の友人達が同行。巣鴨駅から三田行きの電車に乗る。車窓から流れる街並み。ある妄想が頭に浮かぶ。

「お前はどこに行く？」

「未知のところに行く」

「そうではないだろう。監獄へ行くんだろう」

「あるいはそうかもしれない」

「何のために行くんだ」

「探検に行くんだ」

「ウソ言え。運命の力で強制的に引っ張られていくんだろう」

「あるいはそうかもしれない」

日比谷の桜田門で下車。午後一時二〇分。はす向かいの荘重な構えの裁判所に入った。

三階の書記室。事務官に召喚の通知書を渡す。

「あなたは野村さんですか」

「そうです」

「判決は確定したが刑の執行は受けますか」

「はい、覚悟してまいりました」

「罰金の方はどうしますか」

「命令書は自宅の方に送って下さい」


確認が終わり、玄関脇の刑事室に案内される。ここから先はおそらく囚人移送の箱自動車に乗せられる。罪人扱いの惨めな姿を友人達に見せるのは忍びない。咄嗟に、そう思った隈畔は扉の前で振り向き言う。

「やあ、諸君。ここでお別れします。どうもご苦労様でした。では、ご壮健で！」

友人達は無言のまま隈畔と握手を交わす。固く握る手から「負けるな！」との思いが伝わってくる。

刑事室のテーブルに和服の人物が控える。担当の刑事である。

「今度、刑をお受けなさるんですか」

「さようです」

「何です。事件は」

「筆禍事件です」

「えらいことをお書きになりましたな」

「なに、くだらないことを書いたんです」

「実にお気の毒ですな。学問のある偉い人が引っかかるんですからね」


慇懃な刑事の応対に拍子抜けする。同情か。皮肉か。

それだけではない。囚人車ではなく、東京監獄まで電車で行く、と言う。凶暴犯ではなく思想犯。逃亡の恐れはない。親切さの陰に冷静な判断が働いている。

その刑事と二人。桜田門から満員電車の新宿行きに乗り、大木戸停車場で下車。じりじりと太陽が照り付ける。残暑がきつい。噴き出す汗を手ぬぐいで拭く。

歩いて赤煉瓦の監獄の正門を入る。時計の針は午後三時を回っていた。


懐かしい門である。

かつて、三カ月の刑期を終えて石田友治がこの獄門から出た。その石田をここで出迎え、肩をたたいて釈放を喜び合った。あれから三年。友に替わり、今度は自分がこの門に入る。

奇遇な巡り合わせであった。

独居房が我が全宇宙

事務所に入り、裁判所からの書類を渡すと、その好感の持てる刑事は帰っていった。

若い給仕の案内で別室に移動。入り口で給仕が「執行一名！」と叫ぶ。ビシンと音を立ててドアを閉める。そこは囚人を取り調べる調所という部屋らしい。いよいよ収監の第一歩である。

うろうろしていると、奥の机に座る官吏が高い声で怒鳴る。

「何だお前は。懲役か、被告か。こっちへ来い！　刑を受けるのか」

「はい、執行を受けます。禁錮です」

「禁錮？　何年だ」

「二カ月です」

「ここは初めてか。前科はないか」

「初めてです。前科はありません」

「何をやった」

「新聞紙法違反です」

「何か悪いことでも書いたのですか」

「雑誌に書いたんです」

「筆禍事件ですな」

「さようです」

「二カ月などすぐです。そこで裸になって体をお拭きなさい」

　思想犯と知って居丈高な態度が急に穏やかになる。本や所持品、着てきた和服も取り上げられ、色あせた赤い獄衣に着替える。小さな白い布を渡される。そこに「一一七」と記されている。獄舎における番号札だ。隈畔の名はこの瞬間から「一一七番」となった。

　調所での監察が終わって看守に引率され獄舎に移動。鍵のかかった頑丈な鉄の扉。天井まで張られた鉄格子。一階、二階とずらりと監房室が並ぶ。初めて見る壮観な造りだ。これでは逃げられまい、と隈畔は感心して見上げる。

　収監されたのは第四監の二階、「第一一室」。独居房である。

　広さ三畳。西側の壁には三尺幅の格子窓がある。床は板の間に薄縁。蒲団、枕、箱膳、食器があり、奥の壁側には便器、土瓶、雑巾が備えてある。

入り口の扉には、上に監視口、下に差し入れ口があり、この二つの穴が外界と繋がる唯一の窓だ。何か用事のある時は報知器を出して呼べ、と言う。

夕刻、赤い柔らかな西日が窓から差し込む。一人真ん中に正座し、その光を浴びる。二カ月間、このわずか三畳の空間が隈畔の「全宇宙」となる。

未知の世界を知る好奇心。囚われの身であることの不安。その両方の思いが胸に絡み合う。

静まり返った夜。消灯となり、廊下の灯りだけが部屋に漏れる。眠れぬまま第一夜が明け、朝を迎えた。

朝は「キショー！〈起床〉」、昼は「テンケーン〈点検〉」、夜は「シューシン〈就寝〉」と号令がかかる。決まった時間に合図の笛がなり、甲高い声が監房に響く。その笛と号令で一日が始まり一日が終わる。

見回りの看守が監視口から覗く時は、扉に向かって正座しなければならない。全てが監獄の規則で動く。情実や例外が入り込む余地はほとんどない。それでも看守と仲よくなれば、多少の融通は利くと入獄前、友人に教えられた。それが後になって次第に分かってくる。

獄卒と呼ぶには忍びない、人のよさそうな担当の看守。窓を開けて「どうです。退屈でしょう」と言う。正直、退屈そのもの。天井を見、壁を見、四隅の柱を見る。それ以外にやることはない。動くものといえば唯一、窓から見える大木の枝葉。さらさらと風に揺れる。「おいおい、大丈夫か」と語りかけてくるようで心が和む。

廊下で「看守長面会は、報知器を出す！」と叫ぶ声が聞こえる。言われた通り報知器を出すと、「第一一七号！」と号令。扉が開く。急いで監房を出ると「ああ、笠！　笠！」と注意が飛ぶ。あわてて扉の脇に懸かっている笠をかぶる。部屋の外に出る時は深い編み笠をかぶらなくてはならない。階下の事務所に引き立てられ、中に入ると仕切り板がある。鉄格子の窓越しに看守長と面会する仕組みだ。

「監獄に持ってきた本を監房に入れてほしい」「ものを書くこと、筆記を許可してもらいたい」「机を貸していただきたい」と三つの要望を切り出す。

本は監獄にあるものを読め、という。しかも欧米ものはだめ。日本の哲学書ならよいらしい。筆記は不許可。机は了解となった。筆禍犯を警戒しての対応だ。仕方がない。書くより瞑想だ、と諦め独房に戻る。

しばらくすると、今度は典獄の面談がある、と言う。監獄の長官らしく看守は皆最敬礼する。威厳のある風貌かと思いつつ会ってみると好々爺然とした老人だ。刑期や罪状や獄内の注意など書類を見ながら細々と言う。隈畔の他にもう一人面談者がいた。若い青年で運転手らしい。


「お前は電車の運転手か」

「はい、運転をしておりました」

「人をひき殺したのか」

「はい、誤ってひきました」

「出獄したらまた運転手になるのか」

「いいえ、なりません」

「何でもまじめな職に就くんだな。ここにはいろいろな本があるからそれを借りて有益な知識を身につけていきなさい」

隈畔と同じ日に入獄した朴訥な青年。禁錮二カ月という。人をひいたといっても、電車はレールの上を走る。そのレールの上を歩くやつが悪い。故意にひいたわけではあるまいに、過失傷害罪に問われた。気の毒な若者である。法の冷徹さを思う。

獄舎で森戸と会う

一日三度の食事が待ち遠しい。

その都度、当番の看守と一人の雑役囚が回ってくる。

差出口に土瓶と茶碗を載せた箱膳を出して待つ。雑役囚が飯の入ったアルミニウムの食器を渡し、茶碗に汁、土瓶にお湯を注ぐ。飯は、豆を混ぜた挽き割り飯。味噌汁はすこぶる塩辛い。箸で椀をかき混ぜると味噌カスとムギ粒の殻が浮いてくる。野菜や豆腐などは一つもない。とても食えたものではない。

食事だけが楽しみだった隈畔も期待を裏切られる。

食欲は全く出ない。当初、食べ残しが続いたが体がもたない。自分が倒れては意味がないと、健康を保つ静座法の実践を始めた。すると、まずい飯も次第に甘くなり、残さず食べられるようになった。遂には一粒の米も残さず食べた。食器の縁にこびりついたムギ粒まで剝して食った。体の順応性に自分ながら驚く。

希望すれば頭を刈ることができる。入獄する時はいかにも囚人らしく短髪にしてきた。髪は毎日伸びる。いちいち刈るのも面倒なので二分刈りにしてもらうことにした。理髪師は労役囚。横柄この上ない。


「お前はどこから来た」

「はい、第四監から」

「それは分かっている。住まいはどこだと聞いている」

「小石川から」

「しょうばいは何だ」

「…」

「刑期は何カ月だ」

「二カ月」

「それではお前も人をひき殺した運転手と同じか」

「…」

無礼な態度に腹が立ってくる。

「俺も囚人だが、囚人のお前に侮辱されてたまるか」

さっさと監房に戻り、ごしごしと頭を洗い怒りを流す。


運動も、禁錮刑や未決囚は広場で一〇分程度の短時間だ。一〇坪ほどの板塀の中に入れられ、ぐるぐる回って終了。看守から「あがれ！」とすぐ声がかかる。檻の中の虎のようだ。長期の懲役囚達は二、三〇人が隊列を組み板塀のない野外で三〇分以上、外で過ごす、という。懲役囚が羨ましくさえなる。


一番の楽しみは入浴である。

月曜と木曜の週二回。「受刑者入浴用意！」と看守。午前九時から一〇時の間に号令が響く。獄舎と獄舎の間にあるコンクリート造りの浴槽に順番に入れられる。

湯が汚れるということで手足を洗うことは厳禁。獄衣を脱いで湯につかるだけ。これまた「あがれ！」の声で浴槽を出る。

手慣れた囚人は、看守が次の浴槽に移動する隙を見計らって五秒間、湯舟に入ったまま。

怒鳴られても「へっへっ」と笑って一向に平気な顔をしている。タイミングが絶妙。隈畔も、そのくそ度胸にほれぼれする。

そんなある日、第四号の浴槽に入ろうとした折、「クロポトキン」論文で筆禍となった森戸辰男にばったりと出会う。

「森戸が入獄したよ」と典獄から聞いてはいたが、獄内で会えるとは思いもよらないことであった。

六月の控訴審で禁錮三カ月の確定判決。投獄されたのは一一月。その間、なぜか五カ月の空白。司法当局は、騒然とした森戸事件の余波を鎮静化しようと冷却期間を置いたのか。

「森戸さんですね。私、野村です」

「ああ、そうでした。元気そうで」

一瞬のすれ違いでの会話。話したいことは山ほどあるが、お互い胸の内は分かっている。にこりと笑みを交わし二人はそのまま別れた。その次も偶然会った。森戸の獄舎生活は翌年の一月末まで続く。先は長い。言論の自由のために戦う同憂の士。この出会いで改めて勇気を奮い起こす。

隈畔は出獄の後に、石田友治と共に、東大久保にある森戸の留守宅を訪問している。家に残された老母。しきりに入獄中の我が子・辰男の体を案じる。隈畔から監獄の様子を聞いて涙ぐむ。森戸の監房は西側。東側より暖かい、と聞くと母は安堵の表情を浮かべた。森戸は出獄後、社会学者として活躍。第二次世界大戦の後、新憲法の「草案要綱」を公表し、衆院議員として昭和二二年、文部大臣に就くことになる。

九月が過ぎ、一〇月に入る。一日一日が長い。
不自由を絵に描いたような毎日だ。肉体は束縛されているが、精神は自由だ。何者にも束縛する権利はない。そう思いつつ日々瞑想に身を沈める。まだ出獄まで一カ月もある。焦りは禁物、と戒める。

秋が深まってくると、身に応えるのは寒さである。囚人にとって寒気は、最大の敵。獄衣も単衣から給、綿入れと変わるが、寒さに耐えられるものではない。夜になると一層冷え込む。昼に干していた二枚の雑巾で両足を包んで暖を取る。それでも寒気で全神経が震えあがる。本を読むどころではない。まさに極寒地獄である。
体調を崩し医務室に行く。寒さのせいだ、と医師が綿入れを追加してくれる。

時折、面会に来る妻の次子と対話。その笑顔を見ることが唯一の救いだ。その妻が言う。「お父さんが寒かろう」と美代子が窓際の暖かい日向に、父の写真を出してくれる、という。今年九歳になる我が子の、何といういじらしさか。胸が締め付けられ涙が溢れる。その子のためにも、負けてたまるかと寒さに耐える日々を過ごす。

一日二四時間。食事と入浴以外は、朝から晩まで思索に没頭する。「迫害と人生」についての葛藤が続く。疲れれば鉄格子の窓を見上げる。外には青い空が広がる。日暮れともなれば夕陽の赤い光が監房を染める。就寝前の夜空には新月が闇に輝く。静寂にして荘厳な月光。人間の愚かさを鏡に映す。隈畔は月を見上げながら時間を忘れて感慨に耽る。

窓の外に伸びる檜の大木。晴れた日など雀が枝から枝へと飛び交う。少しもじっとしてはいない。自由自在に跳ねる姿は舞踏のようでもある。そんな時は自分も房内で無邪気に跳ねては気を晴らす。

ふと、かつて愛読した蘆花の「自然と人生」の一節が頭に浮かぶ。「吾家の富」と題しこう書かれていた。

〝蝶が来りて舞い、蟬来りて鳴き、小鳥来りて遊び、コオロギまた吟ず。静かに観ずれば、宇宙の富はほとんど三坪の庭にあふるるを覚ゆるなり〟

　わずか三畳の世界をわが宇宙と観ずる隈畔は、蘆花の想いがよく分かる。風に揺れる枝葉のきしみ。窓を打つ雨の音。小鳥のさえずり。その一つ一つの自然の営みが自分にとっても、自由の友であり、永遠の富の象徴であった。

真実の叫びに涙

　ある日の朝であった。

　獄舎の外から、激しく泣き叫ぶ声が聞こえる。その悲鳴が全監房に響き渡る。鞭で打たれているのか。拷問か。耳をつんざく絶叫。驚いて窓の外を見る。四〇がらみの男が二人の看守に引き立てられていく。

　囚人服ではなく着物姿。茶色の袴に黒い帯。未決囚のようだ。第四監房の北側へと向かう。その先にある光のない独房に押し込められるに違いない。視界から消えてもなお、すすり泣きがいつまでも耳に残る。

　どんな男で、何があったのか。一切知る由もない。ただ聞こえるのは、必死に救いを求める悲鳴だけだ。

「助けてくれー！」

その必死の絶叫が我がことのように心に響く。人間の本心から湧き起こる切なる叫び。それは一途に自由を願う自我の噴出ではないか。窓から離れ、床にうつ伏せになった隈畔。その男の悲痛な思いが乗り移ったかのように肩を震わせ、声を殺してすすり泣いた。

後に隈畔はこの時の感情をこう書き残している。

「私の全身全霊が、この熱い涙によって浄化された。最も熱烈な人類の祈り、最も清浄な永劫の祈りが捧げられた」

涙にむせぶことが、獄中でもう一度あった。

「源空の母の手紙」を読んだ時であった。源空は幼名を勢至丸といった。父・時国が迫害に遭って命を落とした。その父が遺言を残した。

「決して仇を討ってはならない。恨みを以て仇で報いれば恨みは永久にやむことはない。願わくは極楽に生ずるを祈り、自他の利益を図るべし」

この遺言を守り、勢至丸は九歳で出家する。頭脳明晰。菩提寺で修学の末、向学心に燃え、比叡山に登る。我が子との別れを惜しみ、母は比叡山に行くことを許さない。

「眼前の無常を見て、夢の中の栄華を厭う。有為を離れ、無為に入るは真実の報恩なり」泣く母をそう説き伏せ、郷里を後にする。時に一五歳。長じて学問を重ね、上皇に講話するほどになる。その才知に褒美が下る。

大いに喜んだ勢至丸。「出家の本意を遂げたり」と、一人寂しく暮らす母に知らせを送る。子の出世を喜んでくれると思ったその母は逆に、有頂天になった我が子を厳しく諫める。

「有為を捨て無為に入ると言ったではないか。その誓いを忘れ、浮世の毀誉褒貶に動かされるとは情けない。何とさもしい心がけか！」

身を毒する虚飾の俗臭。その汚れを洗い流し、人間としての誠に生きよ、との母の祈りがそこにある。母は、泣く泣くこの手紙を我が子に書く。

溢れるばかりの真心込めた厳愛の文。勢至丸は涙に濡れながら母の手紙を読んだ、という。

思えば隈畔もまた、永遠の自我の哲学を求め、母の下を去った。精神の流浪を重ね、今の自分がある。母の熱い思い。限りなく深い愛情。己の誓いを果たすことが、その母に報いる真の恩と、我がことのように心を震わせ、机の上に肘を突いて泣き伏した。

晩秋の朝、出獄

一一月二四日が出獄の日。その日が刻一刻と近づく。

一一月下旬、弁護士の布施辰治が面会に訪れた。「せめて一週間でも仮出獄があってもいい。そう思って典獄にも話してあるのだが…」と言う。ありがたい配慮ではあったが、短期の刑で恩赦があるとは思えない。布施の心遣いに感謝して別れた。

あと一週間という日に妻に手紙を書く。

「いよいよ最後の楽しい、そして終生忘れがたい、この手紙を書くことになった。何といってもあと一週間経てば美代子の琴を聞かれるのが嬉しい。これも皆、あなたの真心からの親切と愛情によることと思う。先般は突然の訪問を受け、涙の出るほど嬉しかった。二四日は朝六時、出獄する。着物は銘仙で結構。羽織、袴、シャツを二〇日か二一日に差し入れしてほしい。当日は御馳走をたくさん頼む。酒もね。ああ、何といっても嬉しい。あと一週間。非常に元気だ。一一月一七日　善兵衛より」

二二日午前。典獄から呼び出しがあった。出獄の申し渡しである。「いくらか恩典も、と思ったが当局の思想取り締まりが厳重でね。気の毒だった。無事壮健で何よりだ」とねぎらいの言葉が出る。

二三日午後。差し入れの着物を受け取る。二カ月間の入獄で体重は五・三キロ減った。夜には、担当の看守に礼を言う。「明日はお早いですな。出てからも体を大事になさい」と看守。隣室の囚人も「野村さん。明日、出獄ですか」と聞く。「まあ、そうです。あなたもお元気で」と返す。

二四日午前四時に目が覚める。夜通しの雨がまだ降り続いている。六時、ガシャンと鍵の音がして扉が開く。「さあ、出ろ！　出ろ！」と急き立てる。階下で獄衣を脱ぎ、和服に着替える。看守に見送られ東京監獄の正門を出る。出獄を祝うかのように、冷たい雨は止んでいる。清々しい晩秋の朝であった。

独居房でものを書くことが許されなかった隈畔。出獄後、一気に獄中での思いを書いた。「囚禅録」（『自由を求めて』）にこう残している。

「私は牢獄において初めて真に熱烈な祈りと瞑想に浸った。真の自由と創造力を摑んだ。そして最も聖浄なる『普遍』と『永劫』とを体験した。牢獄は私の唯一の『祈りの家』であり、唯一の『瞑想の室』であった」

「沈黙の響きは、すべてを打ち溶かすものであった。牢獄そのものが沈黙の中に流れていた。沈黙の祈りは全ての人を一如の中に抱擁するものであった。囚人も、看守も、牢獄の外にいる人もその祈りの中に入ってきた。無言無為の内に全てのものを浄化し、全ての人を抱擁した」

「私の存在があの狭い独居監房の中に居る時、最も広い『普遍』の内に偏在した。私の存在があの窮屈にして苛酷な刑の中に居る時、最も強く『永劫』の内に遊泳した。最も厳粛な束縛と監視の下にある時、最も完全な『自由』の中に飛躍した」

普遍の中に浸り、永劫の中に泳ぎ、自由の中に飛ぶ――。

その詩心に溢れる言葉に、一種の悟りにも似た澄み切った心境が読み取れる。「絶対自我」の覚醒。それは迫害の生々しい体験で会得した「自由への跳躍」でもあった。隈畔はその自らの飛躍を「突破」と呼んだ。


国家権力による弾圧の行使。その真の目的はどこにあるのか。

それは法の衣を着て「国家に逆らっても無意味だ」ということを思い知らせることにある。もっと言えば「自我を徹底的に崩壊させる」ことだ、と隈畔は見通す。

人の身体は縛っても、心の自由を縛ることはできない。


変革者の日蓮は言う。

「身をば随《したが》えられたてまつるやうなりとも、心をば随えられたてまつるべからず」

身は服しても心は服さず。自我の精神を失わぬ、その忍耐と覚悟が、権力の欺瞞に打ち勝つ唯一の武器だ。

隈畔は「自分は勝った！」と心の中で叫んだ。


大正九年は、森戸事件で幕を開け、言論闘争、筆禍事件、裁判、入獄とめまぐるしく翻弄された。隈畔にとって「昂奮と憂愁と憤慨とが断続的に続き、しかもそれが絶頂に達した」激動の一年となった。

第八章　迫害は自我の「突破」

心血注いだ「獄中の哲学」

大正九年師走。年の瀬が迫る。

出獄して自由の身にはなったが、一家で正月を迎える金に困る。

生活苦という新たな「牢獄」に我が身を置くようなものだ。蓄えていた原稿料も尽きかけている。裁判、投獄が続いた昨年来、原稿依頼はめっきり減った。収入とて微々たるものだ。煎餅屋の売上もそれ程あるわけではない。

「大丈夫。何とかなるわ。何とかする」と、やり繰り上手な妻は言うが、それに甘えるわけにもいくまい、と頭を悩ませる。

裁判所に納める罰金五〇円は友人達の見舞金で何とか切り抜けた。問題は、当面の生活費の確保であった。知人を訪ね、金策に歩く日が続いた。隈畔が最も苦手とする世渡りである。

「今日も、朝から家を出て、方々を回って夕方帰りました。やっぱり同じ不愉快な感じをもって、そして嫌な目的の為に」と友人の石田に愚痴をこぼしている。

一二月も半ばが過ぎたある日。

成果が得られず意気も消沈して帰宅すると、思いがけず九〇円の小切手が届いている。『大阪時事』の編集者からの送金だった。

捨てる神もあれば、救う神もある。「これで親子三人、年が越せる」と、隈畔はほっと胸をなでおろす。

出獄後、一週間かけて論文「獄中の哲学」を執筆。原稿は五〇枚を超えた。掲載誌をどこにするか。どの雑誌社も新年号はすでに原稿を締め切っている。その中で『大阪時事』だけが引き受けてくれた。久方ぶりに手にする原稿料であった。

大晦日の前日。朝から厳しい寒さとなった。

小川未明等、仲間達が出獄を祝う会を開いてくれる、という。所用で来れないという石田を除き、五人が向島の「雲水」に集まった。般若湯と呼ぶ酒を皆で、がぶ飲みする。

「般若とは実相を達観する知恵のことだ。飲んではならん酒を隠語で、般若湯と呼んだ。

言い得て妙。我々は、さしずめ真理を見極める〝般若党〟だ！」

児童文学の知恵者である小川が、ムードメーカー。一番元気に盛り上げる。

あの狭い独居房が地獄ならば仲間との酒宴は天国だ。酔いに任せて杯を重ねる隈畔。一年間の憂さを晴らす。帰りは川風の強い竹屋の渡しを皆で渡り、待乳山に上がる。雷門前の喫茶店でコーヒーを飲み散会した。

翌日の大晦日は一日雪となった。しんしんと降り注ぐ空を見上げ、隈畔は一句を詠む。

「雪降って　懐ころ寒き　大晦日」

大正一〇年の年が静かに明けた。寒さは一段と厳しく、大流行の風邪も収まる気配はない。友人仲間で一番健康な小川の一家も風邪で倒れた。

世界的に広がった流行性感冒。世間では「世界風邪」と恐れられた。

この「スペイン風邪」のパンデミックは、四年前の第一次大戦の頃から起こっていた。大正七年秋から翌年春まで第一波が日本で本格化。感染者二一〇〇万人、死者は二五万人を超えた。第二波では感染者二四一万人、死者一二万人。一時減退はしたが、この一〇年から第三波が始まっていた。感染者は二二万人、死者は三六〇〇人を数えた。

第二波の時、東京でも「八万人が感染。七百人の死者」と、ある日の東京朝日新聞が報じている。この時、隈畔も福島の高湯で感染した。

「恐ろしいハヤリカゼのバイキン」「マスクをかけぬ命知らず！」

内務省衛生局のポスターが街中に張り出された。マスク、手洗いが奨励。活動写真館、電車内に限らず、娼妓の接客業もマスクを着用した。子供が次々と感染した与謝野晶子。「死が私たちを包囲して居ます」と書き、学校や工場、展覧会に、なぜもっと早く休業を命じなかったか、と政府批判の声をあげた。

子供が床に伏せる小川に隈畔も見舞いの手紙を送っている。

「お子さんの風邪、いかがですか。昨日の新聞には流行性感冒が腸チフスに転ずる、と書いてありましたが、お大事になさい」（大正一〇年二月七日）

マスクをかけて通学する女子学生を横目に見ながら、釈放後の挨拶に歩く。

入獄前、わざわざ自宅まで来てくれた恩師の岸本。面会で監獄を訪ねてくれた弁護士の布施。出版社の編集者。それぞれ恩義のある人達だ。義理は欠かせない。

隈畔の論文に共感を寄せるある篤志家の家に行った時のことだ。

「野村さん、入獄ご苦労様でした。どうぞこれで温泉にでも行って静養して下さい」と、見舞いの寸志を差し出した。

固く辞退し返そうとしたが、どうしても受け取らない。帰宅して、妻に相談。「せっかくのお気持ち。行ってらっしゃい。それが相手様への礼儀ですよ」と言う。妻の方が世間通だ。

厚意に甘えて、年が明けてから、伊豆の修善寺温泉に行く。そこで〝物騒な人物と、地元の官憲が狼狽〟との新聞記事を見る。その人物とは、友人で自由人連盟の加藤一夫だ。丁度、小田原に逗留している、という。

帰途、途中下車して会おうと思ったが、当局の監視下にある。悶着を起こしてはまずいと、そのまま寄らずに東京に戻った。

隈畔もまた法の裁きを終えたとはいえ、官憲にとって要注意人物の一人であった。

反権力を主張する者への官憲の風当たりは強い。その分、マスコミも冷淡になる。隈畔も例外ではない。

「獄中の哲学」を新年号に載せると言った『大阪時事』。その論文がいまだに掲載されていない。一月が過ぎ二月に入っても何の音沙汰もない。業を煮やし編集者に問い合わせる。「まだ検討中」と言う。

筆禍一犯の隈畔の論文。へたに掲載すれば発禁処分を受ける。社内で賛否が割れ、議論になっているらしい。結局、論文は宙に浮いたまま。やむなく社に対し、三月二二日、原稿の返却を要請した。自分が心血を注いで書き上げた原稿は我が子と同じ。認知されないまま反古にするに忍びない。

「獄中の哲学」で隈畔は、「自由と迫害の必然的関係性」について論究する（『自由を求めて』）。

ソクラテス、キリスト、ガリレイ――。国家の迫害を受けた殉難者に触れながら、彼等は決して過去の歴史的遺物ではない。まさに現代に生きている、と次のように言う。

「歴史は生命の発展である。新しきものの絶えざる創造である。現代のキリストは、新しき自由を以て新しき十字架を負うて来るに違いない」

殉難と迫害──。自由を求め改革を訴える革命家や思想家は皆、この必然の中に生きている、とその普遍的な「迫害の構図」を指摘する。

「故に、自己の信念に立ち、自由に生きんとする者は、迫害を覚悟しなければならない。自己の筆刀を執って戦わんとする思想家は、殉教者を以て自任しなければならない」

しかし、と人は言う。

自由を求めても、果たして自由は得られたのか。権力を否定しても、現実に権力は去ったか。否！　結果として、求める自由は得られず、逆に権力に拘束される。投獄という形で服罪を強いられる。権力の狙いは、自由を奪うことであり、自我を屈服させることだ。自己の中に起こる自尊心の放棄。迫害の必然性を体験した隈畔は、きっぱりとそれを拒否する。

「私の自由と愛は最初から迫害と暴虐を以て報いられるものであった。従って、私の生命とする自由と愛は、下獄によって何の変化もきたさなかった。初めから、自己の十字架を背負って来た者には、社会や国家の与える十字架は何の脅威でも束縛でもなかった。法律的には『服罪』であるが、精神的には自我の『突破』である」

「一歩一歩山道を登ることで剣難の山岳を踏破する。逆流を泳ぎ切って大河を横断する。その山岳であり逆流である迫害を突破するには、自らその迫害の中に自己自身を置かねばならない。自ら十字架を付けることで初めて十字架を突破できる。自ら下獄することで初めて迫害を乗り越えることができる」

隈畔にとって下獄は、服罪でも逃避でも自己放棄でもなかった。まさしく「突破」そのものであった。苦難こそが、人間の運命を闇から暁に、混沌から調和へと飛躍させる転換点であった。

絶対自由の哲学者の魂は叫ぶ。

「自由と愛は私の生命であり、宗教であり、神であり、同時に私の十字架であった」

日本哲学の概論を完成

「野村さん、獄中記を書いてみませんか」

大正一〇年一月、実業之日本社が発行する『大観』の編集者・稲田譲から依頼が入る。前年、入獄前の九月、『大観』で「自由思想家の宗教観」の特集を組んだ。隈畔は「宗教の本質と宗教革命」を執筆。稲田とはそれ以来の付き合いだ。

早速、長文の原稿「牢獄生活」を一気に書き上げ、同誌の二月、三月号に上下に分けて発表した。

雑誌『新文学』からも依頼が入る。現代の社会に何を求めるか、を問う企画であった。その雑感は同誌四月号に掲載。続けて三月二七日には、自身の自伝ともいうべき「自由人の生活」を執筆。煩悶に苦しんだ青春時代から自我の哲学に至る自らの精神遍歴を赤裸々に綴り、同誌五月号に発表した。

思いがけず講演依頼も飛び込んできた。五月には東洋大学で哲学講演。一三年前、田舎から上京したばかりの頃、向学心に燃えて聴講生となった大学。その校舎で今、自分が講演をする。感慨深いものがあった。

講演で、隈畔は「自由と愛」について熱っぽく語った。

そんな忙しい日々を送っていたある日、京文社の編集者・鈴木芃が訪ねて来る。

ベレー帽をかぶった、その若い青年は、細面で眼鏡の奥には探求心旺盛な目が光る。

「野村先生、『大観』掲載の『牢獄生活』を読みました。大変な御苦労でしたね」

「いや、いい経験だったね。私にとっては自身の哲学の実践と思って牢に入ってみたが、二度と御免だね」

「そりゃ、そうですよ。入獄なんて人生一度でたくさんですよ。哲学者で投獄された人はそうざらに居るものではありません。ましてや入獄で、哲学の実践を試みる人となると……」

「そうかもしれないね。日本には優れた哲学者が大勢いるが、その高邁な論理の世界は一般との接触がほとんどない。難解で分かりにくい。しかも、それぞれが孤立し無統一でもある。もっと社会や人生との関わり方を総合的に説く方法を考えないといけないね。そうでないと、生きた哲学になりえない」

「そう言われてみると、古今東西の西欧哲学の解説書は掃いて捨てるほどありますが、日本の哲学や哲学者を統括的に論じた本は出ていません。野村さん、書いてみませんか」

隈畔は鈴木の助言に背中を押され、現代日本の哲学を体系化する論文の執筆に取りかかる。哲学を志してから二〇年。自ら積み重ねてきた思索と研究の集大成となる著作であった。

春先から夏にかけて、執筆に専念。原稿は実に五七〇枚を超えた。

第一編で「生命派の哲学」を論じ、永井潜、福来友吉を、第二編で「価値派の哲学」を論じ、田中王堂、桑木厳翼、左右田喜一郎、米田庄太郎を、第三編で「体験派の哲学」を論じ、西田幾多郎、田邊元を取り上げた。

執筆すること三カ月。六月にはほぼ原稿は完成した。

題名は『現代の哲学及哲学者』。それぞれの哲学を解析しただけではなく、隈畔独自の論評を加味した日本哲学の概論ともいえる大作となった。

隈畔は「緒論」でこう述べる。

「人間は元来思索する動物である。人は思索の中で人生の意義を考え、価値判断をする。その生活を動かすものは欲望である。その欲望の中に思想や哲学が隠れている。欲望はいつでも思想に転ずる自由を持つ。その深い欲求が生活を創造する力となる。故に、学者や瞑想家のみでなく、農夫でも労働者でも商人、小僧、旅館の主婦でも哲学を必要とする。人間である限り全ての人が哲学者である」

〝哲学は学問の府にのみあるのではない。民衆の中にこそ真の哲学がある〟――。

隈畔は、在野の哲学者らしく平易な言葉で自身の哲学論を披瀝していく。その上で、各派の哲学を精査。生命論、価値論、自我論として論考していく。更に、大正デモクラシーという時代が産み落とした思想の乱立と混迷を鋭く指摘した。

国家主義、無政府共産主義、民本主義、人道主義、資本主義、ニヒリズム等々、それぞれが説く人間の欲求や社会改造への主張。その対立と矛盾をどう克服すべきか。

隈畔は、それらを止揚するために、「絶対価値としての自由」に基づく新しい「文化主義」を提唱する。

本の原稿を脱稿し、出版社に渡した後、隈畔の体調が大きく崩れ、神経衰弱が再発する。
この年大正一〇年の春頃からその予兆があった。弁護士の布施辰治に手紙を送っている。
「筆禍事件から一年。裁判ではご援助頂き感謝に堪えません。私はその後、神経衰弱のため気分を悪くしておりましたが、この頃少し気分がよいので、静かに落ち着いて哲学の著述に取り掛かっています」（三月三〇日）
『現代の哲学及哲学者』は後日、九月五日に京文社から発刊。大きな反響を呼び、多くの読者に読まれた。京文社の鈴木は予想以上の手応えに驚き、隈畔に知らせる。隈畔も返信を書く。
「拙著の当分の景気がよいそうで嬉しく思います。次に出すものが一層よいものでないと、前の状況が逆転する恐れをきたすので、今から深く考えます」（九月一七日）
次の出版を考える隈畔。しかし、この一冊の書が、生前最後の出版となることを本人はまだ意識していない。

「哲人逝く」と自殺未遂

六月、隈畔は突然、服毒自殺を図る。

梅雨も本番を迎えようとしていた曇り空の日のことである。

「萩の家」の自宅。六月一八日午後、妻の次子が初音町と目白にある煎餅の卸問屋に出かけて留守。九歳になる娘の美代子も琴の稽古で巣鴨に行く。二人とも不在。家には誰も居ない。自分一人だ。

突如、閃きが起こる。

「決行の好機が来た！」

早速、台所に行き、床の上げ蓋を引き上げる。中から妻が隠していた毒薬の瓶を取り出す。一年前、茨城の霞ケ浦に旅した折、志戸崎で密かに買ってきたものだ。本棚の奥に保管していたが、次子に見つかり、床下に隠されてしまった。

「これを飲むのは今しかない！」

小さな四角の紙にその毒薬をドロドロと絞り出す。むせるような臭気が鼻につく。見るからに毒々しい。一気にごくんと水で飲み干す。毒薬が喉元を通過し、胃袋に落ちていくのが分かる。体がぶるぶると震えた。

「いよいよ最後だ！」

隈畔は興奮気味に二階に駆け上がる。どかっと机の前に座ると原稿用紙を広げる。震える手に万年筆を握り書きつける。命が尽きる前に最期の言葉を遺そう、と焦る。

「噫《ああ》！　哲人逝く！
悲惨なる最後！
死は絶対である。
ただ哲人のみその意義を知る。
悪魔よ　退け！
汝の来る所ではない。
偽善者よ　黙れ！
汝の容喙《ようかい》する所ではない。
ああ　吾れ今逝く。
永遠の世界に往く」

机に向かって両手を絞り苦悶の声を出す。肩のあたりが苦しく、仰向けになって足を伸ばす。みるみる顔色が変わる。耳も目も鼻も紫色に充血する。額には脂汗が滲む。

しかし、不思議なことに紫色に変わったのは首から上だけ。手足や肌に異常はなく、腹痛もない。呼吸も荒くならない。どうしたものか。これから死がじわじわとやって来るのか。

あれこれ妄想が頭を駆け巡るうちに一時間が経った。帰宅した妻が、生気を失いぐったりした夫の様子に驚く。

隠していた毒薬を飲んだことを察知した次子。真っ青になって叫ぶ。

「お父さん！　お父さん！　どうしたんですか。お医者をすぐ呼びます！」

「馬鹿！　騒ぐな！」と妻を叱責する隈畔。

どうも自分は死んではいないらしい。次第に落ち着きを取り戻す。

次子は本気で怒った。

「本当に困った人です！　あなたはそれでよいでしょうが、私や美代子が可哀そうじゃありませんか。少しは同情して下さい。私がこれまで、あなたをどれだけ心配してきたか。いつも自分一人で勝手に事を決めてしまおうとなさる。ひどいじゃありませんか！」

妻の怒りは当然だ。黙って聞くしかない。

症状が治まったことを見計らって「お父さん、下でお茶でも飲みましょう」と次子が誘う。台所で二人が黙ってお茶を飲んでいると、美代子が帰ってくる。普段と違う険悪な雰囲気。その両親の顔を怪訝そうに眺める。

急に睡魔に襲われた隈畔。

「今夜、酒と刺身を用意してくれ」と言って二階に上る。

四時間ほどで目を覚ます。「まだ自分は生きている」と改めて確かめる。それでも、酒を飲めば毒が全身に回り、死ねるかもしれない。そう淡い期待を懐いたものの、何事も起こらない。

「この酒に無上の毒が含んでいればよいがな」

「無上の毒とは何ですか」

「無上の毒とは無上の薬ということだ。生には毒だが、死には唯一の薬になるんだ」

「お父さんはまた、訳の分からないことを言っている」

どこまで本気か分からないような会話に美代子が割り込んでくる。

「お父さんは馬鹿ねぇ。お母ちゃん」

「馬鹿ってあるもんか。俺はその毒を見つけるために努力してきたんだ」

次子が言う。

「私は嫌だわ。誰が何と言ったって毒など飲みませんよ！　ねぇ、美代子」


夫の自殺という空恐ろしい事態を前に、次子の激しい動揺は消えない。その不安を隠し、努めて明るく振る舞うことで、事の重大さを和らげようとする妻の気丈さが読み取れる。

隈畔はひとしきり酒を飲んだ後、無言のまま床に就く。

野村家の、この日の自殺未遂事件はひと先ずはこうして終わった。

「この人は、いつかまた自殺を図るかもしれない」

不安に駆られる次子。その予感は、その五カ月後、思わぬ形で現実となる。

哲学は「憂愁の子」

春頃から現れた神経衰弱。この持病は神経が張り詰めている時に決まって起こった。弱い時も強く現れる時もある。「危険区域」と隈畔が言うほど悪化する深刻な症状はこれまで三度あった。

七年前の大正三年初夏、『第三帝国』創刊後の忙殺に追われた時が最初である。その後、自我論の完成に全霊を込めた大正八年の年頭、自らの筆禍事件で裁判闘争を強いられた大正九年夏と続いた。

出獄を経て自殺未遂を図った今度の大正一〇年初夏が、四度目の危機になる。隈畔はこの病気について『自由を求めて』（「筆禍後一年」）に、こう自己分析をしている。

「私の病気は生来の憂鬱性に根差した慢性のものである。私は元来、憂愁性の男であると同時に嗜眠性の男である。この二つの性質は高ぶってくる時も冷却していく時も必ず離れたことはない」

その性質が自身の哲学を生み出す源泉になっている、と次のようにも述べる。
「私が憂愁に魅せられている間や眠っている間に私の思想は燃焼し、溶解し、そこに私の哲学が発酵してくる。従って哲学は、憂愁の子であり嗜眠の発酵物である」

事実、一度目の時は『自我の研究』、二度目の時は『自我批判の哲学』、三度目の時は『未知の國へ』を書き上げている。

今回も『現代の哲学及哲学者』の著作に全魂を傾けていた時のことであった。

〝憂愁から我が哲学が発酵する〟と語るように、隈畔は神経衰弱という持病を肯定的に受け止めている。「自殺願望」が病から起こったものではないことを、それは意味している。

病を動機に死ぬ、つもりはない。

ましてや、「生きることが嫌になった」ということではない。俗世間にみられる、人生に対する悲観や嫌悪感から来ているものではない。

にもかかわらず、隈畔の内面で「死への願望」が大きく膨らみつつあることだけは確かであった。

その衝動がどのような「哲学的発酵」から生じてきているのか。

人間は必ず死ぬ。

何人も死を避けることはできない。動物も死ぬが、それは生物反応が不可逆的に停止するだけである。人間はそれだけではない。死を意識し、どのように死ぬかを経験する。死の意義と目的を考える。そのことがそのまま、どう生きるかに直結する。

人間の死の本義。ドイツの哲学者・ハイデガーは言う。

「死」は人間の「最極限の終わり」である。人間とはその究極の「終わり」である死と「常に関わる存在」である。そのことを意識して初めて、人間は「死」から「自由」になる。

隈畔はこのハイデガーの考えに反発を覚える。

死は人間の「終わり」ではない。生の終局と考えるところに、絶望はあっても希望はない。生命は永遠に脈動する。間断なき創造と進化。その生と死の連続の中に人間は存在する。

その意味で、死は永遠の世界へのむしろ「始まり」である、と隈畔は思う。

「終わり」を、ギリシャ語では「テロス」という。そこには「目的」や「完成」という意義もある。その「生の完成」に向けて永遠の世界にどのように飛び立つか。それが隈畔の最大の関心事であった。

「私の精神は永遠に自由の世界から流れてくる悩みと、それに伴う興奮に燃えていた。いつか突発しなければならないという強い要求と悩み。それを晴らす時期と手段に迷っている」

『新文学』（第一六巻、大正一〇年八月号）に「噫《ああ》　哲人逝く」と題し自殺体験記を綴る。その中で、「自我の哲学の完成」として「死」を迎えようと悩み、時と方法を模索していたことがうかがえる。

「好機が来た」とは、その時と方法を見つけた、ということであった。その閃きの結果が自殺を試みるという破局的な行動に繋がった、といえる。


未遂事件の翌六月一九日。病んだ心を癒すように、隈畔は行くあてもなく黙って家を出た。

駕籠町の床屋で散髪した後、三田行きの電車で春日町、外手町で乗り換え、押上から柴又で下車。帝釈天から田舎道を通り江戸川堤を歩いた。

空はどんよりと曇り、川面には国府台の黒い森が映し出されている。昨日死んでいるはずの自分がこうして生きている。「不思議だなあ」と呟きながらぼんやりと川の流れに目をやる。

午後五時、川沿いの料理屋に無理に頼んで一泊。出された料理を食べると急に吐き気がして全部吐いてしまった。苦しさは尋常ではない。昨日の毒薬が一日経って効いてきた。

翌朝、梅雨時には珍しく晴れた。近くの矢切の渡し場から屋根をかけた小船に乗り、国府台に到着。そこから京成電車で船橋へ。太神山から海岸に出て潮干狩りにはしゃぐ大勢の子供達をしばらく眺めた後、汽車で三時間、房総半島の勝浦湾に向かう。

夕刻、湾の一角にある旅館に投宿。気分がすぐれない。翌日はどこにもいかず一日静養。その日も一泊して二二日の昼、自宅に帰った。三泊四日の旅。ストレスは消え、気分はすっかり元に戻っていた。


三カ月前の三月、死を予感させるように、自身の半生記を綴り残している。『新文学』五月号掲載の「自由人の生活」だ。そこに自らの人生観をこう書いている。

「自由人はゴロゴロして寝ているのが正当である。何も牢獄のような現代において強いて生きようと悶える必要はない。真の生活は象徴の世界、芸術の世界にあるではないか。それは無限の自由と創造の世界を意味する。胃の腑が美や愛や自由を食物とすることを意味する」

束縛のない無限に自由な象徴の世界。隈畔にとってそれは「永遠にして絶対の世界」いわば「死への渇仰」として立ち現れていく。

六月、その『新文学』の編集者が隈畔の自殺未遂を聞いて驚く。

「先生、どうされたんですか！」

「いや、心配かけてすまんね。どうもしくじってしまった」

「大事な命を粗末にしちゃいけません。一体何を飲んでしまったんですか」

「一年程前、茨城県の霞ケ浦に旅した時にね。薬剤店で毒薬を見つけた。そこで買っておいたものなんだ」

「毒薬ってどんなものです？」

「いや、よくは分からない。『毒薬剤』と瓶に書いてあった。これを飲めば楽に死ねると思った。むせるような臭いでね。ドロドロして、毒々しい色をしているやつ。飲んでみたが不思議なことに、なぜか効果がなかったんだ」

「それは多分、農薬の一種。医療用の劇薬は一般には手に入りません。市販のものとすれば農業用の病害防除剤。猛毒のホリドールなら死んでます。おそらく害の少ない農薬。ボルドー液かもしれませんね」

「それはどんなもの？」

「フランスのボルドー大学で開発されたもの。毒々しい色をしているので最初はブドウ園の盗難用にも使用されたようです。日本には明治三〇年頃に入ってきました。硫酸銅と生石灰を混ぜたもの。薄めて果樹や野菜の栽培で散布されます。そういえば最初に使われたのが茨城県のブドウ園でした」

「農薬でも毒薬だから飲めば死ねるはずだがね」

「いや、青酸やヒ素剤と違い、市販のものは薬剤製造上、人体にできるだけ影響の少ないように作られています。硫酸銅は確かに劇薬ですが、石灰水で毒性が抑えられています。よほど大量に飲まない限り、中毒量や致死量に至ることはありませんね。長く放置したままなら変色もしてたかも…」

「飲んだのはキャラメルほどの量だったが」

「それで助かったのだと思います。少量ですぐに症状が出ることはありません。吐き出す程度です。翌日に嘔吐したのはきっとそのせいでしょうね」

「いやいや。そんなことを知らないでよかったのか、悪かったのか」

「先生、命拾いした代わりと言っては何ですが、自殺の顚末と心境を書き残しませんか」

過ぎてしまえば何気ない回顧談になるが、隈畔にとっては「死は絶対。哲人のみ意義を知る」革命的な一大事件であった。早速執筆に取りかかり、七月六日に脱稿。「噫《ああ》　哲人逝く」と題し『新文学』（第六巻、八月号）に発表した。

第九章　「永劫の彼岸」へ旅立ち

東京、地方で哲学講演

「愛は自由への道である。自由には、常識的自由、哲学的自由、体験的自由の三つの自由がある。真の自由は、ただ体験によってのみ摑むことができる。道徳の基調は、真の自由に求められなければならない」

大正一〇年五月、隈畔は東洋大学での依頼講演で、「愛と自由の哲学」について語った。聴衆はほとんどが若い学生だ。

体験ほど強いものはない。青春に悩む青年達は、投獄の体験を持つ、この一哲学者の話を耳をそばだてて聴き入った。

かつて茅原華山も、この同じ場所で「新唯心論」を情熱的に語った。その講演に感動した若き隈畔。『第三帝国』の新雑誌創刊へと心を動かされた。

弁舌は、生の言葉の発信である。声仏事を為す、とも言われる。心情を込めた声は、話す者と聴く者との心を結ぶ。五月の講演で手応えを感じた隈畔は、もっと自分の考えを若い人達に伝えてみたい。そこから何か新しい創造が次の世代に生まれるかもしれない、と思った。自殺未遂から立ち直った後、哲学講演会の開催を思い立つ。

「鈴木君、単独で講習会を開きたいのだが、どうですか」

六月末、早速京文社の編集者・鈴木芃に連絡を取り、助力を求める。鈴木は快諾。「開催のチラシも作り配布しましょう」と言う。

問題は会場の確保であった。ほとんどが夏期の行事ですでに埋められている。空いている所は見つからない。

困った隈畔。『明星』の主宰・与謝野寛の私邸を訪ねる。雑誌『第三帝国』に執筆を依頼して以降、友好を深める間柄。寛は、この四月、駿河台に文化学院を開設したばかりだ。この頃、妻の与謝野晶子が作家の有島武郎と秘めた恋仲にあることなど、隈畔は知らない。

「あなたの自由の哲学を大いに広めて下さい」

趣旨を説明すると与謝野は賛同。講義室を開放する、と言う。

聴講の申し込みは一週間も経たないうちに五〇人を突破。最終的に一五〇人にまで膨れ上がった。予想以上の反響であった。文化学院の講義室では狭すぎる。やむなく会場を神田音楽学校の講堂に変更し、七月一八日から二三日までの六日間、開講することになった。

「東京だけではなく地方でも開催したい」

そう思って信州・飯田町の塩澤道太郎に連絡を取る。塩澤は雑誌『天龍公論』の主筆。隈畔とは旧知の仲だ。早速「コウエンタノム」の返答があり、郡青年会の代議員会でも満場一致で決定した、と言う。飯田町では、小学校講堂で八月一五日から四日間の開講と決まる。

どこかで聞きつけたらしく名古屋に住む井篦節三から「是非、名古屋でも」と手紙が来る。井篦は文化学会の一員。共に筆禍事件で戦った仲間だ。『内外時論』（大正九年一月号）に論文「社会主義の宗教的傾向」を発表した論客でもある。

飯田の前に八月一〇日から三日間開催。主催は名古屋の「文化講座」。会場は名古屋中央食堂で、と話は進んだ。

服毒自殺を図った人間とは思えないほど、やる気満々の隈畔であった。東京、名古屋、信州と一三日間に及ぶ哲学講演。テーマは何れも「日本現代の哲学批判」。九月に発刊予定の『現代の哲学及哲学者』を下敷きにした隈畔哲学の集大成ともいえる内容であった。

真夏の開催にもかかわらず、東京では参加者が一五四人、名古屋で九八人、信州で一三四人と予想以上の盛況となった。ほとんどが学生や教員、労働者といった青年である。

東京では講演の後、参加者が残って茶話会が開かれた。一人の聴講生が感想を述べる。「私は一人の工場労働者である。過日、先生の東洋大学での講演を聴いた。先生は街頭の学者として我々青年労働者を糾合し、自由と愛の真理のために喧伝されんことを望む」

この左翼的な青年の発言に、内心ドキリとする。講演には錦町署の刑事が来ており、しきりにメモを書いていたからである。茶話会に刑事は来なかったが、筆禍事件から一年経ってもなお、当局の監視が続いていた。

信州・飯田では、泊まりがけで来た者や四里も離れた山奥から毎日通ってくる者もいた。女性も参加。中でも若い尼僧が出席し異彩を放った。青年ばかりではない。六九歳のある老人は、隈畔の本を二冊読んで参加したという。

飯田町の隣の伊賀村でも予定外の要請があり、小学校で開催。「自由と価値」について一時間半ほど講演をした。

四カ所の講演会に集った人々は総勢四〇〇人を超える。聴衆は混迷する時代を映す鏡でもある。真実を求める民衆。その熱心さが隈畔にとって何より嬉しい報酬であった。

隈畔が語る「自我の哲学」は、永遠に脈動してやまない「純粋自己意欲」に基づく哲理である。徹底して自分が自分であろうとする自我は、「絶対的な自由」を持つ。それを束縛しようとする他のいかなるものの介在も容認しない。その意味で、「自由」とは我々にとって絶対的な生命価値である。現実の生活文化の上で、その自由が具体的な姿として現れるものは何か。それはまさしく「愛」である、と隈畔は主張する。

「自我批判の哲学」（大同館書店）の中でも「自由の中に愛の発動があり、愛の中に自由の閃きがある。愛を離れて自由はない。自由を離れて愛はない。愛は生活文化の一切を永遠に創造し、自己を実現する」と述べる。

〝自由の実践が「愛」であり、愛は「自由の実現」である〟—隈畔の主張する「自由と愛」の思想。それは、若き隈畔がそうであったように、人生の苦悩にあえぐ多くの青年に煩悶からの解放を促した。

本来、個人主義や民本主義、自由主義の根拠ともなる広義の思想ではあったが、同時に、文学青年達にとっては一つの確かな恋愛観として受け止められた。

隈畔の恋愛論は、学習院大学人文科学研究所の宮山昌治が指摘するように、ベルグソンの形而上学から導いた一つの社会論ともいえる。

梅子と運命の出会い

若者達の間で当時、恋愛論が最大の関心を呼んだ。皆、「愛とは何か」を語り、自らも悩んだ。

明治期、文学者・北村透谷は「恋愛は人生の秘密を解く鍵である」と説き、恋愛至上主義の走りとなった。理想と現実の狭間で疲弊し、明治二七年、芝公園で自殺。二五歳の若さで世を去った。

大正期には、英文学者・厨川白村の「近代の恋愛観」もまた大きな反響となった。「愛する者のために自己を捨てることが最高の自己肯定である」と逆説的な恋愛論を展開。自我の拡大と解放の境地にこそ真の自由が得られる、と説いた。

何れの恋愛思想も、男尊女卑の旧習や価値観を覆すものとして若者達に衝撃を与え、文壇でも論争が巻き起こった。

人生を語り、自由を語り、愛を語る。その哲学性を帯びた隈畔の演説もまた、青春の悩みに沈む純真な青年達の心を揺さぶった。

〝愛というものは理性で開発することはできません。どこまでも内面上の純粋経験です。私は断言したい。恋愛は人間にとって認識の最高形式であると。それは知的な融合ではありません。情的な渾一です。永劫というものが自らその中に現れ出るのです。従って、「愛」に生きることは「永遠」に生きることであります〟

隈畔は愛と自由に普遍的な永遠性を見出していった。

その講演はやがて、隈畔の生涯を左右する予想もしない恋愛心中事件へと発展していく。

神田音楽学校での哲学講演会。ほぼ満席の聴講者に混じり、二〇人程の女性が居た。

その中のある一人の女学生は、毎日のように姿を見せ、講堂最前列の席に座った。矢絣の着物に灰色の袴。帯をきりっと締め洋靴を履いている。良家の令嬢風ではあるが華やいだ雰囲気はない。物静かで控えめな気品が漂う。瞳だけは強い光を放ち、身じろぎもせず隈畔の話に聴き入っている。

その熱心な女学生は、同校の在校生。名を岡村梅子といった。
音楽家として生きることを夢見る若き乙女である。地方の高等女学校を卒業し上京。市谷の女学校で学んだ後、この年の三月、上野の東京音楽学校を受験したが失敗。翌年の入学試験を目指し、日本橋区亀島町に下宿。予備校の神田音楽学校に通う日々を過ごす。

東京音楽学校は官立。明治二三年に創立された。音楽家を養成するための日本初の専門校だ。いわば音楽家への登龍門である。本科、予科の他に甲種、乙種師範科がある。入学できるのはわずか数十名。全国から俊英が集まる。

上野公園に隣接する瀟洒な洋館。その学舎を見上げながら梅子は溜息をつく。音楽家として生きたいが、この最高学府に入る自信はない。入学試験も不合格。夢はますます遠のく。

田舎娘の劣等感か、周囲の目も冷たく感じる。
父にやっと許しを得て上京したが、入学できなければ田舎に呼び戻される。金貸し業を営む実家に帰れば親から結婚を迫られる。本人に全くその気はない。夢を捨て結婚しても挫折感は一生つきまとう、と梅子は思う。

そもそも自分には音楽家になる才能も資格もないのか。

自責の念は募り、八方塞がりの人生に悩む。避け難い運命に挑むか、運命に身を委ねるか。文学少女の煩悶は深まるばかりだ。そんな時に、隈畔の「愛と自由の哲学」に出会う。講演を聴き、著作を貪り読んだ。

神田の書店で買い求めた『自我を超えて』（警醒社）。その中の「時代の懊悩とその犠牲」の一文に心を動かされる。

隈畔は苦悩と戦う青年達に、こう呼びかけている。

「自己意欲は自己の生命であり、自己そのものである。それを否定することは自己にとって最大の悲劇である」

「青年は時代の子である。しかるに世間の人々は彼等を遇するに、あたかも荊《いばら》で肌を刺すような毒々しい冷笑と侮蔑と罵詈《ばり》以外に何者も以てしない。不平や虚栄、野心の、みすぼらしい権化としての青年の他に何者も目に映じない。それ故に、時代を悩む真摯な青年は無抵抗の内に沈黙していく」

「しかし、青年は女々しく悲観してはいけない。感傷的に失望してはいけない。我々は今、時代の悩みを体験し、苦悶している。我々は我々以上のもの即ち永遠の生命を愛する故に、そして最も自由と情熱に満ちた人生や生活の永遠なるものに透徹せんと欲するが故に悩んでいる。だから、自分の狭隘《きょうあい》な意識の世界に独居し、全てを解決しようとしてはいけない」

「我々青年は、永遠の生命を忘れてはならない。我々の目は、常に無限の光明を望んでいなければならない。我々の足は、常に無限の流れの真っ只中に立っていなければならない。我々の心情は、常に永遠の愛と憧憬の内に燃えていなければならない」

「犠牲は元より悲劇だ。けれども永遠の世界においては最も崇高にして荘厳な復活である。それはいかなる存在といえども祝福されずに消滅することはあり得ない。そしてその生命は最後の勝利と凱歌とをもってさらに突進するであろう。永遠の生命と祝福とは我々青年のものである」

隈畔は詠む。

「かくすれば　ほろびの道と　知りながら　止むにやまれぬ　霊（自我）の跳躍」

無限の光明。無限の愛。その永遠の世界に生きれば、いかなる絶望も輝く希望へと転ずることができる。その時、我が生命は崇高な勝利の凱歌を挙げる。

この詩心に満ちた一人の哲学者の叫びに、梅子は打ち震えるような感動を覚える。閉ざされた苦悶の扉が音を立てて開くように感じた。

梅子は講演の期間中、二度質問する。隈畔は明快に答える。

「先生、自我の哲学で説かれた『愛の体験』とは何を意味するのでしょうか。また『当為の意義』について教えて下さい」

「自由と愛の要求。それは最も深く、強いものです。その自我の欲求を離れて当為はありません。それは永遠の価値であり、倫理の深い根底です」

最終日の茶話会。梅子は隈畔に近づき問いかける。

「先生、まだ伺いたいことがあります。お住まいを教えて下さい！」

「いや、名刺も鉛筆も忘れてしまってね。後でお知らせを」

梅子は引き下がらない。すかさず自分の雑記帳とペンを持ってきて、「これに！」と迫る。断るわけにもいかない。隈畔は、一瞬、どぎまぎする。一見、物静かな雰囲気を持つ聡明な女学生。その積極的な行為に驚かされる。

その日以来、梅子の友人を交えての往来が続く。二人の距離は急速に縮まり、やがて講師と聴講生の関係は、師弟の情から恋慕の情へと高まっていく。

燃え上がる恋慕の情

名古屋、信州の哲学講演会に旅立つ八月八日午前八時。出発五分前の東京駅ホームに突然、梅子が現れる。

京文社の鈴木から列車時間を聞いて駆け付けたらしい。息を切らせて走ってくる梅子。汗を滝のように流す姿を車窓から見つける。隈畔もあわててホームに降りる。

「先生、お気をつけて！　お手紙を出します！」

「ありがとう。私も書きましょう」

会えた嬉しさで梅子の頰は、ぱっと紅潮する。隈畔も、雑踏の人目も憚らず抱きしめたいほどの愛おしさに駆られる。

八日から一九日に帰京するまでの一二日間。隈畔の旅先に梅子は三度、手紙を送っている。間が空くと「オタヨリナイ　イカガ」と電報を打つ。

「先生！　わたしは限りなく寂しい。申し上げたいことは一杯ありますが、胸が一杯になって万分の一も申し上げられません。結局、わたしは先生がなつかしいんです。それ以上、言葉がないのでございます。先生、お手紙を待っています」

「北国の荒波の岸を思い出すたびに、暗い、静かな君の渚で、思うだけ泣いて悲しんで、そして悶えてみたいと思います。もし、そのままわたしというものが無くなったら、かえって幸ではないかしらと思います。お手紙が涙で濡れました」

「先生！　首を長くしてお帰りをお待ちしております」

純粋な愛の告白。隈畔は、何度も読み返しては心を熱くする。鼓動が胸を打つ。

深い魂の底から永劫の泉がこんこんと湧いてくるようでもあった。こんな生々しい愛の体験は初めてであった。無垢な女性の愛に心が奪われそうになっている。そんな自分が不思議でならない。

「一体、分かち難い、この強い想いは何ものか」

自我の当為としての自由の体現。それが愛である、と自分は確信してきた。「愛の哲学」について書き語ってもきた。その純粋経験として、この自我に現れたものは紛れもなく愛というものにちがいない。

あくまで哲学的な信念の上から自分を納得させようともがく。講演を終え、一人宿に戻ると、その揺れる心で梅子に約束の手紙を書いた。

一九日の朝、信州から帰途に就く。信濃から美濃へ。汽車は木曽川沿いに深山の幽谷を縫うように走る。雄大な山々は、限りなく神徳を湛え、何物にも動じない。火を噴いて慌てふためく文明をせせら笑っているように見える。

木曽路を走る飯田線から豊橋駅で東海道線に乗り換える。

車両には一人の老婦人以外、誰も居ない。列車が走り出した後、梅子からの三通の手紙をかばんから取り出す。

二人だけの秘密の恋文。再び読み終えると細かく切り裂く。橋を渡る車窓から、川に向かってその紙片をはらはらと投げ落としていった。小さくちぎられた愛の告白文は紙吹雪となって風に舞い、空高く消えていった。

信州の旅から東京に戻った翌日、待ちわびているであろう梅子に会いに、亀島町の下宿へと向かう。家には、隈畔の講演を一緒に聴講していた梅子の友達も来ている。三人で、日比谷公園まで足を延ばし散策。明るく活発な友人は、一人ではしゃいでいる。梅子は隈畔に会えた喜びを内に隠し、押し黙ったまま。

友人が離れた隙に、隈畔は今度、勝浦湾や市川に出かけることを梅子に告げる。

「旅先からお手紙下さい。永遠に、先生のお供をします！」

耳元で囁くように言うその言葉に、一瞬ドキリとする。

「永遠にお供を」とは、どういう意味か。「永遠の死への渇仰」。その自分の本心を梅子に話したことは、まだない。

「君は、なぜ私の本心を知っているのか…」。内心、衝撃が走る。そして、自分が発表した『新文学』の論文を、すでに読んだ上で言っていることを知る。

隈畔は、『新文学』五月号に、自身の懊悩の遍歴を記した「自由人の生活」を発表。続けて同八月号には、「噫《ああ》　哲人逝く」を書き、自身の自殺未遂事件を赤裸々に綴った。

「象徴の世界、芸術の世界では、全ての人が自由と愛の創造者である。そこで人は鳥と共に飛び、雲と共に天に昇る。しかるに人は、牢獄のような現代の社会で悲しまなければな

らない。そんな現代に強いて生きようと悶える必要はない。人は自由人として生きるべく生まれてきたのである」（五月号）
「死は絶対である。哲人のみ、その意義を知る。ああ、吾れ、今逝く！　永遠の世界に往く！　それが私の唯一の望みであり、幸福である。私の精神は、永遠の世界に向いて行った」（八月号）

驚くようなことを、梅子は更に言う。

「先生！　先生の切実な叫びが、私にはよく分かります。私は、先生と一緒に『あそこ』へ行けると思います」

静寂な闇が公園の森を包む。夜空には、赤みがかった丸い月が煌々と輝いている。


幾度か逢瀬を重ねる。

二人だけで再び日比谷公園を歩いた時のことだ。その日は土砂降りの雨となった。小高い丘の吾妻屋。木陰の暗いベンチに腰を下ろす。

「疲れた。寒い！」と身震いする梅子を外套で包む。しなやかに体を摺り寄せる梅子。互いに顔を見合わせる。思わず二人の唇が重なる。初めての接吻であった。温かいぬくもりが、冷たい二人の体に染み渡る。降り注ぐ雨の音も、高鳴る胸の鼓動にかき消されていった。

九月一六日、初秋の月がくっきりと浮かぶ夜。銀座の「カフェ・パウリスタ」に入る。混雑する中、二階の席に座る。隈畔が注文したウィスキーを、梅子が手早く取って一気に飲み干した。その大胆なしぐさに目を丸くする隈畔。気性の激しさを垣間見て驚く。梅子は平気でにこやかに笑っている。帰り際、隈畔の懐に一通の手紙をそっと差し込んだ。

その手紙には、命をかけても惜しくないほどの激しい愛の思いが綴られている。

「先生！　清らかな美と純な気品をもった月が私達を呼んでいます。私は、じっと据え付けられた人形のように月を見つめたまま座っています。あの月光の神秘に濡れ、溶け合うお互いの心の〝あるもの〟をしっかり握ったまま行きましょう。あそこへ！　自由の世界へ！」

「先生！　一切を捨て去ることは、世間の人は嘲るかもしれません。冷たい目をもって見るかもしれません。しかし、誰も理解はしておりません。知るのは私達だけです。この燃えるように神秘な〝あるもの〟、無限の美の力を無下に退けることがどうしてできるでしょうか。あの永遠の世界は尊く、強く、全てのものを照らしています。そこから湧く歓喜と融合の神秘、生の真実を心ゆくまで味わいましょう」

「ねえ、先生！　永遠に一体のまま一緒に在りましょう！　一度去ったら最後まで。おお、慕わしき先生よ！」

帰りの電車の中で、人目を忍んでこの手紙を読んだ。溢れるばかりの純真な心情。何があろうと死を共にする、との氷のように固い決心。その一言一言が胸を刺す。それは「命を捨てる覚悟がありや否や」と隈畔に問いかけている。

「ああ、吾れ今逝く！　永遠の世界に往く」―そう決めて、三カ月前に自殺を図った。元より死は覚悟している。それを捨て去ることは自己の瓦解を意味する。今まさに、その決死の瞬間が訪れているのかもしれない…。

年甲斐もなく、隈畔の頬にするりと涙が伝った。

しかし、愛を貫くといっても、そう簡単なことではない。

第一に梅子はまだ若い。音楽家としての将来もある。その未来を犠牲にしてよいものか。

自分とて愛する妻子もいる。家族がどれほど悲しむか。もちろん、妻と離婚することなど頭にはない。身勝手といえば身勝手である。当然、世間の非難を浴びるに違いない。そうした数々の犠牲を払ってなお、それに優る意義とは何か、と思い悩む。

隈畔にしてみれば、自身の哲学をどう完結させるか、が最大の人生の目的であった。その一点のために、一介の百姓から立ち上がり、苦悩と努力の末に「自我の哲学」を確立した。

「在野の一哲学者として、自由のために権力とも戦った。そのために投獄もされた。数々の論文も書き、著作も世に残すことができた。講演を通し、自身が到達した哲理を若い青年達に訴えることも実現した。やるべきことは全てやり切った」と自身の半生を振り返る。

後に唯一残されたことは、いかにして「永遠の世界」に突進し、「自由と愛の哲学」を貫徹するか、であった。それは、そのまま「死への跳躍」を意味する。

三カ月前の自殺未遂もそうした悲壮な観念の延長線にあった。そのための時期と手段を人知れず考え抜き、模索してきた。

そして今、恋してやまない一人の女性と出会った。幸か不幸か、永遠の世界への同伴者が偶然にも現れた。

慕る恋慕と渇仰。るつぼの中で、めらめらと情念が燃え盛る。その炎は、あらゆるしがらみや風評を灰と化す。それはもはや運命の罠としかいいようのないものであった。

「永遠のあそこへ！」最期の覚悟

「いよいよその時が来たか！」

隈畔は、後に引けない最後の覚悟を迫られていた。

九月二一日午後、妻の次子に「出版社の依頼原稿を書く」と言い残し、小石川の自宅を出立。房総半島の東端・犬吠埼へと向かう。

投宿した旅館の一室。外には松の古木が風に揺れる。

岩肌に逆巻く怒濤。その海辺の波音を聞きながら、隈畔は一人、永久に世に残そうと梅子宛ての「愛の手記」を書き始める。

「永劫の彼岸―犬吠岬にて」である。

「永遠なる自由と愛。これが私の生命であり、私の哲学の真髄であり、体験の全てであった。私はそのために自由の思想家また街頭の哲学者、一個の革命家として闘ってきた。その私の全てをあなたはよく理解してくれた。

自由なる世界の創造。

永劫の世界への旅立ち。

そして限りなき偶然の連続。

これは私にとって闘いであり、革命であった。

永遠の闘いの中に、限りなき和楽がある。永劫の激動の中に、限りなき静寂がある。そして限りなき偶然の中に、永遠の自由が潜んでいる。今まで、概念で操ってきた私の舌は冷たく固くなってしまった。哲学の暗い坑道を掘り詰めた私の自我は、今や、恐ろしい熱火となって燃えている。

限りなく純なる至情。

限りなく熱した愛。

限りなく美しい真実。

限りなく深く強い力と覚悟。

その無限の熱を放ち、永劫の炎を立てるあなたは、自由と愛と美の大いなる溶鉱炉である。全てを焼き尽くし、そして全てを創り出す永遠の溶鉱炉である。私の生命も哲学もその中で熱し切っている。何人が『あそこへ！　自由の世界へ！』一緒に行こうと勧める人があろうか。何人が私と生死を共にする人があろうか」（『大観』第四巻第一二号）

二四日、犬吠埼に梅子が突然、訪ねて来る。

波の音を聞きながら三時間。お互いの変わらぬ思いを確かめ合った。夕刻帰京した翌日、梅子は手紙を書く。

「昨日はお目にかかれて、どんなに嬉しかったでしょう。熱い抱擁に包まれて私は子供のようになっていました。私は帰ってから一層、〝あそこへ〟という感じが深くなりました。一緒にそして熱し切った愛と美に溶け合ったまま行きましょう。私は先生に、私の全生命をもって感謝せねばなりません。私を他に誰が、真に愛してくれましょう。先生！　私を永遠の愛の賛美者たらしめて下さい！」

愛の噴出。か細い体のどこから、その激しいほとばしりが出てくるのか。隈畔は〝最後の突進の時〟が近づいていることを悟る。

二五日、二六日と親友の児童文学者・小川未明、自由人連盟の加藤一夫に手紙を書く。

（小川君へ）「僕は今、犬吠岬の先端に来て瞑想に耽っています。絶えず荒れ狂う激浪の咆哮を聞いていると、我々の使命たる永遠の革命を強く強く意識します」

（加藤君へ）「君の雄々しい奮闘と健康を祝す。僕は君等の闘いを新聞で見て、熱涙を下しました。僕は犬吠岬で太平洋の激浪と永劫の咆哮とに驚いています。壮観という外にない。ああ　永遠の革命！　これが我々自由人の使命ではないか。僕は今、一切を放擲《ほうてき》して突進する準備をしている。近日中に行く」

京文社の鈴木等、親しい雑誌編集者にも筆を起こす。

それらは遺言ともいえる最後の通信であった。「永遠の革命を意識する」「近日中に行く」という言葉が「死」を意味するとは、皆予想もしない。

家を出てから九日目の二九日、隈畔は犬吠埼から市川へと向かい、市川館に宿を取る。

市川には江戸川が流れ、冬ともなれば渡り鳥が飛来する。

江戸時代から宿場町として栄え、街道筋には巨木が並ぶ。幸田露伴や永井荷風、北原白秋等、文人達がよく逗留した。隈畔も〝終の居場所〟として、この地で手記の続編「川のほとり」を書き上げようと思った。

その手記にこう書く。

「あなたは哲学者であり、革命家である。私の自由の哲学を理解し、死をもって街頭の革命家を愛してくれた。私は死を共にする革命の若き人を得た。何たる幸福であろう」

「私達の愛は永劫の自由をもって結びついた愛だ。永劫の炎が消えない限り離れるべきではない。私達は永遠に一体である。私達は死を誓ったのだ。何も恐れることはない。永遠の革命。それは私達の生命だ。家を捨て妻子を捨つ。それは革命の一歩に過ぎない。私達は自由を得んがために一切を捨てることを約した。何たる悲壮！　何たる壮絶！」

市川館に投宿して五日目の一〇月三日、梅子からの最後の手紙を受け取る。

「先生！　明日中の三日には必ずお側に参ります。遅かれ早かれ、全てを捨てて、ただ愛に生きる私達です。私は行ったら最後までお側を離れることはありません。ああ、私は自分の命をもって愛する先生の、永遠の抱擁に生きることができてどんなに嬉しいでしょう。ああ、早くみ胸の中へ！」

この手紙は、隈畔にとって愛と死の「最後通告」のようなものであった。「いよいよ革命が来た！　自由なる最後が来た！」と、決行の覚悟を決める。

予定通り、梅子は三日に市川の隈畔の下にやって来る。以後、二人は離れることなく、最後の日々を過ごす。隈畔は、「永劫の彼岸」の「犬吠岬にて」、「I川のほとり」の二部作を書き終わり、三部作として「I川行きの日誌」を執筆している。

二日　革命来る。自由実現の絶対境に入る。
三日　永遠の世界に憧れている者は俗人には分かるものか。
九日　川を渡って永劫の彼岸に旅立つ。何等の厳粛ぞ。
一〇日　全霊のおののきと感謝をもってその神秘に見入る。
一四日　稲田氏の忠告有り難いが、弁解はしない。私は私で突進すればよいのだ。
一九日　有限なる現実界に生まれて、永劫無限の世界へ旅立つ。これ哲人の希望であり満足であり、歓喜である。

（山名正太郎著『日本自殺情死紀』大同館）

九月二一日に自宅を出てから一〇月一三日、一四日と二度、東京に戻っている。実業之日本社の『大観』編集者・稲田譲に会うためだ。隈畔は「永劫の彼岸」の一部作「犬吠岬にて」を掲載してほしい、と依頼する。稲田は隈畔が死出の旅を決意していることを知る由もない。

その原稿は、哲学論文でも、小説でもない極めて私的な愛の告白記録だ。三〇〇字詰めで二〇数枚の原稿。精緻な論理を駆使する隈畔とは思えない情緒的な散文である。

掲載に苦慮する稲田。「少々検討させて下さい」と原稿を受け取り、執筆料一五〇円を手渡す。それを手にした隈畔は、妻子のいる小石川の自宅には戻らず、すでに梅子が来ている市川館へと舞い戻った。

その一週間後の二一日、二部作「I川のほとり」と三部作「I川行きの日誌」の原稿が稲田の下に郵送されてくる。二二日には、「永劫の彼岸」三部作全てを綴った手書きの草稿ノートが届く。

稲田は、頁をめくり「I川行きの日誌」を読んで「あっ」と驚く。最後の頁に「永劫の世界への旅行者・隈畔、同梅子」、欄外に「無限の世界に旅立つ」の走り書き。「一九日」で終わる日誌には、こう記されていた。

「明二〇日こそは、断じて決行しなければならぬ。日誌は今日で終わりを告げる…」

二人の消息は、その後、ぶつりと途絶える。

『今日で終わりを告げる』と最後の言葉を記した一九日の、奇しくもその日、郷里・半田村で父・倉吉が亡くなった。「百姓に学問など要らない」と言った父。哲学者となったわが子を喜んだ父。その父が、六六年の生涯を閉じた。そのことを隈畔は知る由もない。

第一〇章　「死は我が革命！」の情念

津田沼海岸で遺体発見

「生きていてほしい」

胸騒ぎをした稲田は、急遽、隈畔の自宅へと飛ぶ。

家には、所持品の入った旅行用のトランクが送り返されている。家出してから一カ月。何の便りもなく、どこに行ったのかも知らない。不安に駆られる日々。妻・次子は途方に暮れるばかりだ。

連絡を受けて、一條忠衛も駆け付けてくる。二人は早速、千葉の市川へと直行。宿や街中を探し歩いたが消息は一向に摑めない。

一條は翌日、千葉県、栃木県一帯に非公開で捜索願を出す。公開すれば、新聞に出る。新聞を見た隈畔達を死に追い込みかねない。哲学者の自殺は社会的な反響も大きい。事は秘密裏に運ばなければならない。

小川未明や石田友治等、親しい友人達にのみ事情を打ち明ける。「えー！ まさか彼が……」。皆一様に驚きを隠さない。

どこで嗅ぎ付けたか、読売新聞の記者が深夜、内ヶ崎作三郎に電話をかけてきた。

「新聞に出すことは断じていかん！　隈畔君を殺すことになるぞ！」

内ヶ崎がそう固く口止めしたにもかかわらず、裏を取った記者は、翌朝「隈畔家出」の記事を書く。

その数日後のことであった。

一一月五日の朝。津田沼の海岸で二つの遺体が発見される。各紙が一斉に報道。二人の入水が公になった。


「今朝九時頃、千葉県津田沼町鷺沼海岸に、紳士と令嬢の抱き合い死体が漂着した。船橋署の検視の結果、死後一週間程経過したものらしい。男は大島紬の着物に対の袴に羽織、三越製のラクダのシャツを着用。女は絹大島の羽織と着物に、縮緬の長襦袢、博多帯を締める。東京の上流家庭の令嬢風の美人。女の懐中には、眼鏡をかけ女優髪に結った同女の写真と男の写真を所持。裏にはローマ字で「ノムラ」と記されている。両名は東京近郊で投身し、連日の荒波で海岸に漂着したものと思われる」（東京朝日新聞）

死後一週間というから、一〇月二九日前後、市川の江戸川に身投げした、と推定された。

最後に記された日誌の日付から、一〇日後のことである。

この日は、中国大陸から押し出す低気圧と太平洋の南風が、日本上空で衝突。晴れた空が突如、黒雲に覆われ、関東も激しい雷雨となった。

雷が鳴り、稲妻が空を裂く。前橋方面にはひょうも降った。三〇分後、雷雲は去り、雲間から星の光が注ぐ。象徴の世界に生き、そして死んだ二人。「永遠の生」を信じて落命した者への天の怒りか、祝福か。

一一月二日頃には、川を行き交う舟の船頭が二人の死骸らしきものを見たという。海岸に打ち寄せられた遺体は帯のようなもので固く結ばれていた。死因は溺死。

東京朝日新聞八日の第二報には「評論家・隈畔氏　津田沼で心中」との二段見出しが躍った。「男は、教育、文学、哲学の評論家として知られる隈畔こと野村善兵衛氏（小石川宮下町二一）、女は音楽学校生で、岡村定養氏の子女・梅子（日本橋区亀島町二ノ三）」と実名で報道。

翌九日には、第三報として、「若き哲学者が情死するまで」と題し、最後の「隈畔の手記」を掲載。記事にはこう記されている。
「隈畔氏の自殺について、石田友治、一條忠衛、小川未明等、諸友人は『これを匹夫匹婦の情死と同一視されたくはない』また『氏の八種の著作を貫く中心思想は自由、永劫、無限への憧憬である』『氏は森戸事件以来、権力に対し激しい反感を持っていた』と言う。そうしたことが今回の自殺の一因であったにちがいない」

隈畔三八歳。梅子二四歳。遂に決行された「永劫への旅立ち」。それはその後、様々な波紋を呼ぶ。

亡骸は東京北郊にある穏ケ窪の火葬場に運ばれた。
青ざめた顔で駆け付けた妻の次子。変わり果てた夫の姿に言葉もない。伝染病の隔離病棟の跡地。芋畑に掘られた穴に棺が置かれる。そこで二人は一一月七日夕刻、共に荼毘に付された。

急遽、手配された寺の僧侶が読経。皆で追善の深い黙禱を捧げた。
「霊は今、大自然と融合されました。誠に愛の思想にふさわしい大往生でした」

燃え上がる炎。暮れ残る空に白煙が昇る。思い通りに二人は、銀河の彼方へと静かに去っていった。

生前、隈畔と最後に会った『大観』編集者の稲田は、手記「哲人の情死と最後の記録」にこう書き残している。

「青く澄んだ夜空。美しく冴える弦月。天地は寂然として厳粛と神秘の気に満たされ、哲人の死を荘厳した」(『大観』大正一〇年一二月号)

駆け付けた梅子の父・岡村定養は終始無言。最愛の娘を失った悔しさが込み上げる。言いたいことは山ほどある。だが、恨めしく思うのは自分の方。娘は純粋に愛に生き、愛を遂げた。その思いを受け止めてあげることが、せめてもの親としての愛情、と思い直す。遺骨を引き取ると、父は早々と郷里に帰っていった。

悲しみに沈む妻・次子。五カ月前の夫の自殺未遂以来、「いつかはこんなことになるかもしれない」と恐れを感じていた。それが現実になった。連れ添って一四年。悲しさが胸にせり上げてくる。妻として必死で夫を支え、生きてきた。それなのに夫は勝手に逝ってしまった。悔しさと共に張り詰めてきた気は抜け、虚脱感が襲う。夫は宿命というものの闇に落ちた。そのような定めを持つ人を夫に持ってしまった。そのこと自体、自分の宿業でもあったのか。目に見えぬ運命の苛酷さが身に染みる。

しかし、と一方で次子は思う。

夫は、百姓上がり。その劣等感を克服し、哲学者として論壇で活躍した。その事実は妻として胸を張って誇りに思う。それを支えてきた自負もある。だが、夫婦といえどもいずれは永遠の別れが来る。〝その時〟を早くも迎えてしまった。

しかも、夫は以前から死の願望を持っていた。私には到底理解できないが、それは世を恨んでのことではない。若い女と情事を遂げる。そのために死を選んだ、とも考えられない。俗にいう色恋沙汰の情死というより、夫は哲学者として、思想上の自分の信念を貫くために死を遂げたのかもしれない。

その道連れとなった梅子。彼女に夫を奪われたという憎しみの感情は不思議と湧いてこない。考えてみれば「あなたも可哀そうな人」だったと、憐憫の情が次子の胸に去来した。

メディア賑わす恋愛事件

隈畔の遺体が発見された五日。新聞各紙は、「原敬首相暗殺」を一斉に報じた。全国に衝撃が走った。

「総理大臣が凶変！　東京駅で即死」

前日の四日午後七時過ぎ、原が京都に向かう。その改札口で突然、短刀を持った凶漢に右胸部を刺され絶命した、という。原は、貴族議員を「錦を着た乞食」と酷評。爵位を辞退するなど「庶民宰相」と人気があった。その一国の首相が右翼の青年に殺害された。

かつて、隈畔はこう警鐘を鳴らしている。

「この時代の懊悩は、このまま鬱屈してはいない。必ず近き将来に烈しい変動を来すにちがいない」（『自我を超えて』）

その予見の如く、近代社会は依然として混迷の最中にあった。何が起こるか分からない不安が人々の心に広がる。

激動する政局。連日の報道で、世間の関心は暗殺騒動に集中。隈畔の情死事件は、その喧噪にかき消される結果となった。

一方、この年は、別の二つの恋愛事件がメディアを賑わす。

七月、原阿佐緒・石原純の不倫事件が表面化した。アララギ派の女流歌人・原は、隈畔と同じ東北出身。宮城県宮床の生まれである。与謝野晶子に師事した才媛。石原は東北帝国大学の教授で、日本に初めてアインシュタインの相対性理論を紹介した著名な物理学者でもある。二人は恋に落ち、石原が帝国大学を辞職。マスコミも大きく報道し世間の注目を浴びた。

一〇月には、白蓮事件が勃発。九州の鉱山王・伊藤伝右衛門の妻・燁子こと歌人・柳原白蓮が失踪。愛人の法学士・宮崎龍介の下に走る。

白蓮は、大正天皇の従妹。「私は人格的尊厳を無視する貴方に永久に決別を告げます」と、新聞に「絶縁状」を公表。夫も新聞に「反論文」を掲載する。マスコミを巻き込む中傷合戦となった。

皇族が姦通罪に問われかねない、と宮内庁が慌てふためいたのは言うまでもない。

そうした騒然とした世相の中で、隈畔と梅子の燃えるような恋愛が、水面下で静かに、そして激しく進行していたことになる。

事が公になると、隈畔に対する批判が起こる。

「情死などする者は、生の重要を知らぬ極めて浅薄な熱に浮かされた恋愛である」

「恋に熱中して恋愛至上主義に固執する人間ほど『永遠』の観念に乏しい者はない」

心中や自殺を肯定する人は皆無である。同情はあっても称賛の声などあるはずもない。世間の冷笑は当然の反応であった。


国家社会主義者・高畠素之の論評も手厳しい。高畠は『幻滅者の社会観』（大鐙閣）に「哲学者の情死」と題し、こう書く。

「隈畔という哲学者が若い女と情死した。その事は市井の一些事として問題にするにも当たらない。この哲学者の死も匹夫匹婦の死も同じ感情によるものだ」

そうした論調の中で、論客・茅原華山は、隈畔の死を惜しみ擁護の弁を振るう。『内観』（大正一〇年一二月号）に、こう追悼の文を寄せている。


「かつて私と共に、『第三帝国』に筆を執り、名を成した野村隈畔氏が、若い女と情死を遂げた。氏は大の勉強家で専ら哲学の研鑽に心を寄せていた。氏の文章は常人の解し難きを感じるが、人も又解し難きところがあった。氏はいよいよその死によって、難解さで包む他の反面を遺憾なく暴露した。氏をして言わしめれば、あるいはこれが一世一代の傑作であるかもしれない」

「日本は今や、一大渦旋の中にいる。新西洋思想を換骨奪胎し、これを日本に扶植すべきである。氏のごときも、その独創性を発揮する責任ある一人である。今や氏は、恋愛至上主義に囚われ、思想上の大渦旋にさらわれた。私は、かかる意味をもって氏の死を悼む」

告別式は、九日に行われ、葬儀は郷里の福島で執り行われることになった。

一六日には追悼会が開かれた。石田、一條、小川、内ヶ崎、稲田等、往年の友人達が集い、席上それぞれの思いが語られる。

石田「彼は筆禍事件、投獄と権力に対峙し戦った。しかし、我々はその同志たることに甘え、彼と膝詰めで語り合う機会がなかった。そのことが悔やまれる」

一條「必死で彼を探し歩いたが、もう一度会って、喧嘩してでも引き止めたかった」

小川「野村を殺したのは我々だ。彼を救う道はあった。あの男が働けるのはこれからだったのに…」

内ヶ崎「あんな寡黙な男に、あれほどの固い決心があったとは知らなかった。その不明を恥じる。将来のよき教訓にすることで、彼の死に報いたい」

二日後、小石川の内ヶ崎邸に再び参集。隈畔の最後の原稿「永劫の彼岸」と稲田の「追悼文」を『大観』に掲載することを決める。

同誌一二月号に、稲田は万感の思いで書く。

「あなたは『死は革命なり！　自由実現の絶対境に入る！』と叫んで遂に死を決行されました。あなたの死には、あらゆる社会問題に対する批判があり、愛情問題に対する爆弾が潜められていますす。恋の後に死を招くのではなく、死の肯定の上に恋の炎をあげたところにあなたの真剣さと特異性があるように思われます」

「私はあなたの恋を賛美するものでもなく、また否定するものでもありません。ただ深く同情するにすぎません。純粋な熱情家で、あなたを愛し、理解した女性の、宿命的な力にもただ沈黙するしかありません」

「私達は、この天才的哲人が指さした永劫の彼岸にじっと眼を凝らさないではおれません。しかし、この世がたとえ最悪の虚偽と罪障に満ちているとしても、その生を肯定せずして辿り着くべき天国をどうして想像することができるでしょうか。万人は皆等しく苦しみ、悶えている。自殺は果たして一人のみに許される特権でしょうか。人はあくまで隣人と共に苦しみ、その荊の重荷を分け合うべきではないでしょうか」

「彼岸へと急いだあなたの足音はあまりに淋しく、象徴の世界へと憧れたあなたの歌はあまりに悲しい。あなた及び社会に対し、あなたの死を惜しむ。そして社会は、あなたの死について重い責任を感じ、首を垂れ、祈るべきことを痛感する」

（「哲人の情死と最後の記録」）

「血と死」の死生観

隈畔は、最後の言行録に「有限の現実界に生まれて、永劫無限の世界に旅立つ。これ哲人の希望であり、満足であり、歓喜である」と書き残した。

その言葉は、いたって明るく澄み切っている。この透明感はどこからくるのだろうか。

病死も、刑死も、自死も、同じ「死」である。そこに差異はない。差異があるとすれば、どのように生き、どのように死を迎えたか、である。

もし「思想死」というものがあるとしても、同じではない。幸徳等の死は「社会主義の完結」としての死とはいえない。外圧から強いられた死である。思想のための死を自ら受容したわけではない。

隈畔の場合、その是非は別とし「絶対自由の世界観の完結」として死を位置付けていた。

その意味で、隈畔にすれば自殺は単なる自殺ではなかった。「自決」といってもいい。もっといえば自身の哲学への「殉死」に近い感覚を懐く。自ら選ぶ死は自らを真に生かすことでもある、との思いがある。この透明感は本人にしか分からない。他人にとって絶対的に理解不能である。

『自由を求めて』に、自身の「自殺観」を説いている。その概要はこうだ。

「自殺は、『最後の絶対事実』である。故に、それはただ、本人自身においてのみ意義を有する。当事者以外の者が評価してもそれは偽善に過ぎない」

「自分を含め、現代人の眼前には『二重生活』を常に強いられる深刻な現実がある。資本家を攻撃しながら資本主義と妥協する。家族主義を非難しながら家族主義に安住する。軍国主義を呪いながら軍国のために奉仕する。独立と個性を叫びながら共同や連帯の盾に隠れる。この二重生活は腐敗を極め、堕落を極める。そして人は、公然と言う。『万事やむを得ないのだ』と」

「しかし人は、その理想と現実の乖離に、常に悲哀と不安を懐いている。その底知れぬ脅威はなぜ惹起するか。それは一方で真実への無限の要求を持っているからである。その要求を実現し、『二重の悩み』を超克するには『二つの方法』しかない。それは『血』と『死』、いわゆる『革命』と『自殺』である」

「革命に我が身を投ずるか、死をもって自分の意志を貫くか。それはまさに戦慄すべき最大の現代人の悲劇である。そのいずれを選択し、決断するか。定められた悲痛なまでに深刻な最後の道。そこに向かうことは、偽善者にとっては空想であり、妄想であり、狂気であるかもしれない」

「もちろん、無条件で『血』と『死』を望むものではない。それが必ず正しい結果を生むと信じるものでもない。しかし、『純潔』と『真実』と『情熱』という魂を発酵させる『自由と愛』を希求する者にとって、空でも虚でもない。厳然たる事実である」

「『自由と愛』は、現代人にとって生命であり、パンであり、光である。それは人間の根本的な要求が限りなく飛躍する世界である。それによって、社会も生活も文化も改革が導かれる。人は涙と勇気をもってその無限の世界に突進する」

「その結果、『血と死』を見出すとすれば、それは悲しみではなく、喜びである。故に、『自由と愛』は、死を生に変じ、悲哀を歓喜に変じ、理想と現実の距離を有から無へと変ずる力を持つ。現代人が、それに生きるか生きないか。それによって自己の永遠の運命を決めるのである」――。

人は、理想と現実の間で揺れ動く。その二重の悩みを解決し、決着をつける方法は「革命」か「死」しかない。しかも、それが「自由と愛」を貫いた結果であるならば、悲しみではなく、喜びである、と隈畔は考える。

しかも隈畔は更に思い詰める。

二者択一の壁を乗り越え、死を意味する「絶対自由への突進」それ自体が「我が革命」である、と悟る。

そう自覚した瞬間に、内面の世界で「革命」と「自死」という二つの生き様が溶解し一体化した。〝血〟と〝死〟の壮絶な融合である。それが「退路なき突破」への渇仰となり、「永劫の彼岸」への旅立ちとなった、ともいえる。

隈畔にとって「革命」とは何であったか。それは「絶対自由の世界」に自身が立ち会うことであった。その世界は、隈畔にとって唯一の「解放区」でもあった。解放区という絶対の空間には過去や未来といった時間は凝縮されている。只今、という現在の瞬間に現れた空間に突進する。永劫の世界に飛ぶ、その瞬間こそが隈畔にとっての「死」であった。

隈畔はかつて「真の自由人とは、芸術の象徴に生きることである」と喝破したことがある。その意味で、哲学的煩悶の末に導かれた、この「血と死」の死生観は、芸術至上主義的な一種の「美学」に近い。

その究極の選択は、極めて個別的で、そこに普遍性はない。大多数の人々は否定的にそう考える。考えながらも、その絶対的事実を前に思考は停止し、ただ沈黙する外はない。

「死は革命なり！」と叫んで旅立った一哲人。その特異な自殺は他の文人・作家と、動機を異にする。

　有島武郎は、大正一二年関東大震災があった年に、軽井沢の別荘・浄月庵で愛人と情死。現場には「愛の前に死はかくばかり無力」と書き残した。その有島を自分の、キリスト教伝道の後継者と恃《たの》んでいた内村鑑三が万朝報に追悼文を書く。

「有島君は神に叛《そむ》いて、国と家と友人に叛き、多くの人を迷わし、常倫破壊の罪を犯して死ぬべく余儀なくせられた。私は有島君の旧い友人の一人として、彼の最後の行為を怒らざるを得ない」

　人生への挫折感。その空虚を埋めようと愛に死を求めた。その苦悶の最期を内村は惜しんだ。


　その四年後、今度は作家の芥川龍之介も命を自ら断った。致死量のベロナールとジアールを飲んでの服毒自殺であった。遺した四通の遺書。処分されたと思われていた、その直筆が平成二〇年に発見された（日本近代文学館）。

「わが子等に」と記された愛用の原稿用紙にはこうある。

「人生は死に至る戦いなることを忘るべからず」

旧友に宛てた手記には「僕の場合は、将来に対する唯ぼんやりした不安」とその動機を明かしている。芥川は、不安との戦いの果てに死を選択した。

隈畔が下した死の決断には、そうした「挫折」も「不安」も見当たらない。むしろ溢れるばかりの純粋な「熱情」と精緻な「論理」に満たされている。その「言葉の力」を信じた人間が、何故に「言葉の力」で身を滅ぼしたのか。何故に「知」を、死によって身体化することでしか、自らの哲学を証明することができなかったのか。

隈畔が「入水」というナルシシズム的な形で示した「肉体言語」の意味はなお、謎として残る。


その生き方は、埋め難い間欠を露呈していることも確かである。

「三界は火宅の如し、安きことなし」と常に慨嘆し、孤独と煩悶と抑圧を強いられた牢獄のような人生。その中で発酵した永遠性の魂。それは「生きることで生命を燃焼させる」道ではなく、「死ぬことで生命を燃焼させる」道を開いてしまった。

「我は真実なり」と叫び、十字架を背に死んだキリストを信じはしたが、キリスト教信仰が生きる糧とはならなかった。ある寺院で、帰依による自我の確信を得たものの、「生死即涅槃」の境地、いわゆる「人間は、生き抜くその姿のままで苦悩を歓喜に転ずることができる」とする〝生命蘇生〟の高みにも到達することもできなかった。

三二歳の時、隈畔は『春秋の哲人』（大正四年、六合雑誌社）を世に出した。中国の偉人・孔子の哲学と生涯を論じた。この書は、司馬遷が書き残した『史記』に基づいて書いた。その史家の司馬遷自身、壮絶な悲哀の人生を送っている。性器を切断されるという屈辱的な宮刑に耐え抜き、生きて『史記』を完成させることに、生涯をかけた。

司馬遷は言う。

〝死ぬことが難しいのではない。死に対処することが難しかった。死んでしまえば史記を完成することができない。それこそが最も大きな恥であった〟（『漢書』）

生死の狭間で苦悩し、歯を食いしばって〝生きる側〟に踏みとどまった。その血の滲んだ言葉は泰山よりも重い。

隈畔がこの不出世の史家の生き方を知らないはずはなかった。にもかかわらず隈畔は〝死ぬ側〟に立った。

自由と愛の「自我の思想」を、「死ぬ」ことではなく「生き抜く」ことで体現する。それは、生と死に揺れ動く自分との熾烈な戦いが要求される道でもある。その人間としての根源的な戦いを、死をもって放棄した、と論駁される余地を残したといえる。

それでもなお、隈畔が築いた「自我の哲学」が光彩を失うことはない。文学や哲学に心を傾ける多くの青年達に、希望と勇気を与えたこともまた事実である。

在野の天才的哲学者

遺稿集『自由を求めて』は、翌大正一一年二月二八日に京文社から死後出版された。その発刊からわずか二カ月の間に五版を重ねるほど反響は大きく、多くの人々に読まれた。

後年、隈畔哲学に対し共感の声が寄せられている。

「隈畔氏を憶う」と題し、東京在住の羽田信加津が福島民報に寄稿している。

羽田は「隈畔氏の訃報を知ったのは、情死後二、三日後のことであった」と述べ、その一〇日後に、隈畔の生地である半田村の隣の桑折町に移住。死後出版の『自由を求めて』

を始め『獄中の哲学』『自由人の生活』『ベルグソンと現代思潮』等を片っ端から読破した。

「生来、孤独を愛する私は、その街で寂寞だった一年余りの間、それによってどんなに慰め励まされたかしれない。私の暗い、冷たい過去の生活から来る厭世的な憂鬱性をどんなに悦ばしてくれたであろうか。そこには、山をも動かす力をもって迫るものがあった。私は、近くの野や山に氏の本を懐に入れ、肌身離さず愛読した」

「一無名の文学青年としての小輩の感慨、なお地下の氏に対して無量である。天才の名をもっておくらるるべき亡き野村隈畔氏を憶う」（大正一五年一〇月二〇日付）

書誌学者・岡野他家夫もまた、青年時代に隈畔に魅せられた一人であった。富山県の中学校を卒業。高等専門学校に進んだ岡野は隈畔の著作を共鳴と感激をもって貪り読んだ、という。

「特に、死の前年に出た『未知の國へ』の読後感は、四〇年後の今日もなお、自分の内部から消え去ってはいない」（『近代名著解題』有明書房、昭和三七年三月一〇日刊）と共感を寄せている。


文献学者の福田久賀男は隈畔を「天才的哲学者」と称した土田杏村の発言に触れつつ

「良妻と幼い女児を残しての死の道行きに対しては、一部から批判の矢も放たれもしたが、真摯な求道者としての彼への評価を変える者はいなかった」と、『探書五十年』（不二出版、平成一一年）で、その「哲学の行者」を追憶している。

三七年三カ月の短い生涯を閉じた野村隈畔。百姓の子・善兵衛として生まれ、無学歴という負の十字架を背負いながら、在野の哲学者として日本の論壇の一角に名を成した。その果てに、自由と愛の自我の思想に殉じて逝った。

大正デモクラシーという百家争鳴の言論が飛び交う中で、一人の学究の徒が、「独学の志士」として彗星のように現れ、彗星のように輝き、去っていった。

ただ一人の遺児・美代子は昭和七年の晩秋、二〇歳で病死。妻の次子はその後、故郷の村に戻った。昭和三九年まで長生きし、その年の春三月、享年七八歳で旅立った。

永劫の世界に憧れた「求道者」の墓は、背に聳える半田山麓の丘にある。墓石には、次子、美代子と共に隈畔の名が刻まれている。その墓前には、平成一七年に桑折町文化財保存会が建立した「哲学者　野村隈畔の墓」の墓碑が立つ。木々の緑に包まれた丘で、その新しい墓標は、はるか遠くに霊山の峯を仰ぐ。

郷里の福島県伊達郡桑折町。この地は、戦国の世に幾度もの乱を経て、武人や商人が往来。人々が栄えた宿場町だ。悠久の歴史と学問文化の香りも高く、歌道や画道の花も咲き誇った。

その森の都に、美しい白骨となって帰った善兵衛こと隈畔。桃源の郷に今、自由と愛の「知の哲人」が没後一〇〇年の歳月を経て静かに眠る。

向学心に燃える一四歳の若き日に詠んだ一編の詩。その永遠の生命と平和を讃嘆する詩心は、時を超えてなお生き生きと後世の人々の胸を打つ。

朝日はきらきらと昇った
東の原を流れる逢隈の水は
銀を流したように白く光っている
山も、河も、原も、森も、林も、家も
皆まばゆき光を浴びている
ああ、何たる平和!
何たる優調!

何たる美観！
恍然として我を忘れ
この尊き平和の美に接して一致せる我は
いともゆかしき美の神に感謝せねばならぬ

完

解説にかえて

「人間である限り全ての人が哲学者である」
「自由の実践が愛であり、愛は自由の実現である」
「生命とは、永遠の革命である」

「天才的哲学者」とも言われた孤高の思想家・野村隈畔。二〇二一年の令和三年は、その没後一〇〇年に当たる。

大正デモクラシーが高潮する時代、隈畔は多彩な論客を相手に、言論界の一角で活躍した。百姓から身を起こし、独学で哲学を探求。自我の思想を極め、『ベルグソンと現代思潮』『自我の研究』『自我を超えて』『自我批判の哲学』『現代の哲学及哲学者』等、大正のわずか八年間に一〇冊の書を著した。

それればかりではない。『六合雑誌』に七三本の論文・原稿を執筆。大正の論客・茅原華山等と雑誌『第三帝国』を創刊。同人を退会するまで一九本の論文を発表した。

当時、日本で主流を占めたカント派、新カント派。その中で、ベルグソン哲学に触発され、自らも「純粋自己意欲」を核心とする自我批判の哲理を構築。実践倫理として「自由と愛」の思想を提唱した。

それは「自我とは何か」という哲学の根本命題を解き明かそうとした近代思想史の一角を明らかに担うものであった。

隈畔は、貧困農家の出である故に高等小学校卒の学歴しか持たない。西田幾多郎、波多野精一、田邊元、田中王堂、永井潜等々、東京帝国大学、京都帝国大学、早稲田大学出身が哲学界の重鎮を占める官学アカデミー。それに対し、隈畔は独学で刻苦奮闘した在野アカデミーの代表格。血の出るような煩悶と努力で磨き上げた、いわば「街頭の哲学者」である。

その庶民魂に燃える筆致は、当然のように国家権力の横暴、閉鎖的な教育界に立ち向かう鋭い剣となった。筆禍事件で入獄。その中で永遠なる自我を自覚する。

「学問の自由と独立」のために闘う志士。この一人の哲学者の軌跡は、これまでほとんど知られることがなく、忘れられた存在でもあった。

福島の郷里では、桑折町で建てた「墓標」と、町誌にわずか二二行の「記述」が残るのみである。「野村善兵衛」の項にはこう記されている。

「氏は、号を隈畔といった。幼少の頃から頭脳明晰。文学を好んで愛し、家人の寝静まった後も、疲労の身を省みずに一人うす暗い石油ランプの下で、読書に耽るのを唯一の楽しみとも、また慰めともした」

私が初めて隈畔という人物を知ったのは、一冊の古いアルバムからである。三八年前の昭和五八年一〇月、私の父・河原登が七八歳で逝去した。その父が遺した、表紙が布製のアルバムをめくると他の写真に混じり、一枚の古い顔写真と父直筆のメモが貼ってあった。

写真の添え書きには「大正期の哲学・思想家　野村隈畔、大正一〇年一〇月死去」とあり、メモにこう記されていた。

「噫《ああ》　逝ける哲人。彼は、境遇に然《しか》らしめられ、徹頭徹尾、自己教育によりて精進せり。そして、世の哀れな軌道外教育による人々の為に闘われた。然もその結晶として彼の著述せる思想観念、即ち数十部の哲学書として世に存在していることは余にも有名である。自分と彼とは四親等内の血族関係に在り。隈畔とその書目は終生忘れ難いものがある。これ如何にせん」

隈畔は、福島県伊達郡桑折町に野村家八代目・倉吉の子として生まれた。その倉吉の実弟・勘次が同町北半田大門先の河原家に婿入りし、三男として父・登が誕生した。隈畔と父は従兄同士になる。更に言えば、父の姉ハルが隈畔の弟である藤吉に嫁いだという両家の姻戚関係に在る。家系図からいえば、登の四男である私にとって隈畔は従兄伯父に当たる。

隈畔は明治一七年生まれ。私の父は明治三八年生まれであるから、二人は二一歳の開きがあった。隈畔が三八歳で逝去した大正一〇年に、父はまだ桑折町の実業補習学校三年生で一七歳。哲学者・隈畔の死を、大きな衝撃として受け止めたことがこのメモからも分かる。

私にとっては、この父の遺した、たった一枚の肖像写真とメモが「野村隈畔」との初めての出会いとなった。以後ずっと頭を離れず時折、その事跡を調べようとしたが全く関連の資料が見当たらない。

月日が経ち、本格的にその足跡を探索し始めたのは、一〇年ほど前からである。

隈畔のことを知る人々は皆すでに、鬼籍に入っている。当時の話を聞ける人はいない。伝記の類も書かれたことはなく、かろうじて種々の資料に断片的に触れられているだけである。やむなく第一次資料として、隈畔の著作に直接当たるしか道はない。「隈畔哲学の研究から始めよう」―そう思いつつ、氏の哲学書や論文を読み込んだ。

更に、雑誌の寄稿文、書簡、新聞記事等、当時の状況を詳細に把握することに努めた。公式に残された文書や記録を分析することで、隈畔の内在的論理を摑み、その人と思想を解き明かせないか。そんな遅々として進まない思案の中で、ある文章を目にした。

隈畔と共に雑誌『第三帝国』を創刊した茅原華山の孫・茅原健氏が著した『茅原華山と同時代人』(不二出版)。その中で氏は「二つの情死―隈畔と武郎」を書いている。作家・有島武郎と共に隈畔についてこう記されていた。

「隈畔が学び、考え、発表した哲学は、土田杏村の高い評価を受けている。にもかかわらず、隈畔の哲学について語る者は少ない。隈畔はアカデミズムとは無縁な哲学者であった。日本ではあらゆることにわたって官許の系譜からはみだしている者の処遇は冷たい。市井の、しかし一時代に注目を浴びたひとりの哲学者の存在を顕彰し、語ってくれる研究者が出ないものかと思うことしきりである」

他の少なからぬ隈畔研究者の方々の後塵を拝し、私も隈畔の顕彰者、縁者の一人として、その茅原氏の言葉に背中を押され、隈畔の評伝を小説として書くことを思い立った。それは「これ如何にせん」と父が遺した言葉に応えることにもなる、と考えた。

隈畔の生涯を辿る中で、特に啓発されたのは水谷悟氏の著作『雑誌『第三帝国』の思想運動』であった。第四章第二節「益進会同人の『第三帝国』以後—野村隈畔の場合」は、隈畔の自我哲学を解析する上で多くの示唆を得た。

隈畔の生涯をかけて切り開いた自我の哲学は、確かに当時の哲学界でも高く評価されるものであった。大正という人間復興の時代を牽引した近代思想として今後、真摯に精査される必要があると思われる。

また隈畔は、残念なことに若い女性と運命的な最期を遂げた。社会通念として心中という行為は容認されるものではない。その立場に立った上で、そうした結果に至った動機や心理的、社会的背景を解明することが「人間とは何か」「生死とは何か」について理解を深めるためには不可欠である。沈黙の墳墓に響く死者の声に静かに耳を傾ける知的作業が必要であるように思う。

執筆中、隈畔は情愛のために死を選択したのではなく、元々、その前提に「永遠の哲学の完結」としての「死への渇仰」が在り、そのために逝ったということを知った。世に様々な自殺観がある中で、そのどれにも当てはめにくい極めて特異な生き方ではある。

それは「生きようとする意志の排斥とは大いに違って、自殺は強く意志を主張するから起こる」と、ショーペンハウアーが指摘する自殺論を思い起こさせる。

ショーペンハウアーは「生は夢であるが、死はまた目覚めである」とも言った。それに対し隈畔は「死は亦、革命である」と言い、永遠性完結の意志を強く持った。そこにニーチェのようなペシミズムはない。〝生死を超えて生きる〟という意志。それは逆に、「死ぬ意志」ではなく「生きる意志」の表明として後世に示唆を遺したともいえる。

その意味で言えば、隈畔の死を単純に無意味なものと批判することは憚れる。行動原理の解明については、今後の研究が待たれる。

同時に、哲学性を帯びた梅子との往復書簡は、「恋愛書簡文学」としても特筆すべきものとして位置付けられる。

かつて東京・神田の古書店街を渉猟した折、昭和二五年発刊の倉田百三著『絶対の恋愛―若き恋人への手紙』を入手した。劇作家・倉田が書いた『愛と認識との出発』『出家とその弟子』は、私も学生時代に耽読した一人である。

隈畔と同時代に生きた倉田も、若い女性と深い恋愛関係に落ちた。その愛の告白ともいえる往復書簡が、終戦の五年後に、初めて公となり発刊された。「恋よりも、師弟の愛よりも、もっと高い、しかし『あなたと私との運命を一つのもの』として、はなれないように結ぶ愛です」と倉田が綴れば、女性は「先生の思想のために、獄に入ることがあっても、私はどこまでも先生を守り、先生を信じ、先生のために全てを捧げます」と返す。

その燃える炎のような愛の告白は、隈畔と梅子のそれとあまりに類似していることを知った。愛というものの普遍的な同質性を感じたものである。

本書は、野村隈畔の哲学者として生きた内面性を解明し、その「自由と愛と死」に彩られた真実とその生涯を書き留めることを主眼とした。

更に、明治の変革期を乗り越え、大正に乱舞した百花繚乱の同時代人達。その隈畔と縁のあった人々が、何に悩み、何を考え、どう闘ったのかを書くことで、一つの歴史を共に生きた息吹を復元する意図もあった。

そこで見えてきたことは、時代を動かした近代言語の「言葉の力」である。現代では、非論理的な論理、いわば心に響かない軽佻浮薄な言葉が氾濫している。それは人間の存在感が浮遊している表れともいえる。

東日本大震災で遭遇した一〇〇〇年に一度といわれる大津波や福島第一原発の暴発によって、人々は郷里を追われ、町は死の廃墟と化した。新型コロナウイルスのパンデミックによって、世界中で死者が続出。都市の封鎖。生産工場の閉鎖。消費生活の制限。あらゆる人間活動が機能停止を余儀なくされた。

人類は天災に屈したのではない。無制限に肥大した欲望の果実の中で人類は苦しんでいる。その右往左往する姿は、隈畔が奇しくも言及したように〝永劫の神徳を湛えた崇高なる山々が、火を吐きながら這い上がる文明の長蛇をせせら笑っている〟ように見える。

それは、ある〝不可知なるもの〟の現代文明に対する謀叛とさえ思えてくる。今こそ問われているのは、人間の真実に迫り、一歩でも善の方向へと導く肉声としての「言葉の力」ではないか。

その意味で、言語の力を信じ、人生をかけ、命をかけて生きようとした大正の時代の人々の「熱情」が、現代へのアンチテーゼとして語りかけてくるようにも感じられる。

また、隈畔の一生を追う中で得たことがある。それは「子弟の教育」という問題である。隈畔は、貧困や教育的差別の壁で上級学校に進めなかった。向学心がありながら小学校卒という圧倒的に不利な境遇の中、必死の思いで学問の扉をこじ開けた。いわば独学の志士である。

翻って現代では、豊かな社会が現出し教育の機会均等の制度が完備している。学問の扉は大幅に開かれ、大正期とは隔世の感がある。にもかかわらず、依然として学歴社会は存在し、いじめや虐待、パワハラ等、教育現場における差別的な新たな問題も多発している。何よりも、知識偏重の教育が全人的な人格形成を阻んでいる、とも言われる。学校教育や家庭教育の限界も指摘される。そこで強調されることは、自ら考え、自ら学ぶという自己教育、いわば独学の重要性である。

隈畔は終生、独学で自らの世界を切り開いた。その粘り強い努力と執念は、時代を超えて私達の胸に響いてくる。教育の根本は知識よりも知恵を育むことである。それを忘れて、未来を担う子弟を育成することはできない。その鍛えの精神を隈畔は教えている、といってもよい。

本書で綴った論評は、あくまで「私の隈畔」観であり、「私の大正」観である。少なからず調査不足や差誤、思い入れに偏る節があることに寛大な理解を請う。また今後、新資料が発掘され、「隈畔伝」に膨らみが付与されることを願う。

本書では、長文で難解な哲学論文や解釈を理解しやすくするために、できるだけ平易な言葉でその概要を提示した。明治、大正時代の漢文調の表現も現代語に翻訳した。年齢の表記も当時、通常で使用された数え年を採用した。

二〇一八年から、諸活動の時間の合間に草稿を起こし始めて三年。この間、野村家一二代当主・野村正好氏、河原家一〇代当主・河原寛氏や「野村氏」の系譜に連なる一族の方々、また日本思想の研究者である東北大学大学院教授（文学博士）・佐藤弘夫氏、桑折町文化財保存会会長・青柳良憲氏等、多くの方々のご協力、ご助言を頂いた。拙著の出版に当たっては、文芸社の宮田敦是氏、阿部俊孝氏に多大なご尽力を頂いた。かつ国立国会図書館、東北大学附属図書館、福島県立図書館、宮城県図書館、仙台市図書館、桑折町中央公民館分室図書室（遊学館）の皆様には大変お世話になった。深く感謝に堪えない。

二〇二一年（令和三年）三月

筆者　武川　和之

野村隈畔略年譜

1884	明治一七	八月十七日	福島県伊達郡半田村（現・桑折町）に生まれる
1889	明治二二	二月	大日本帝国憲法発布
1892	明治二五	一月	半田村尋常小学校に予備生、四月に一年生入学
1896	明治二九	四月	半田村高等小学校入学
1900	明治三三	三月	半田村高等小学校卒業　農業に就く
1904	明治三七	二月	日露戦争勃発
1905	明治三八	九月	日露戦争終結
1907	明治四〇	夏	伊達崎村の（蓬田）次子と結婚
1908	明治四一	七月	哲学を志し、単身で東京に出る。恩師・岸本能武太宅に居候
		九月	一旦帰郷し再び上京。本郷区富士前町に下宿

	秋	聴講生として東洋大学に通う。同大学哲学科の在学生で小学校同級生の松本悟朗と再会
1909　明治四二	一月	生活苦のため家賃の安い墓地近くの本郷区谷中に転居
	五月	キリスト教本郷教会（牧師・海老名弾正）に立ち寄る
	七月四日	国民英学校（神田錦町三丁目）の夏期講習会に参加
	七月末	郷里・半田村から妻・次子が上京。本郷区湯島に転居
1910　明治四三	五月	「日の神よ、汝は生々の神なり」と日記に記す
	五月二五日	大逆事件勃発。宮下逮捕。一週間後、幸徳秋水検挙
	七月	次子、体調崩し福島に帰る
	一一月	大逆事件の容疑者二六名の公判決定

1911　明治四四	一月一八日	判決下る。二四日、幸徳等一一名死刑執行。二五日、管野須賀子死刑
	七月	初めての公式論文「社会的同情心」執筆。『六合雑誌』八月号に掲載
1912　明治四五	二月四日	芝区三田・日本ユニテリアン弘道会でキリスト教に入会。牧師・内ヶ崎作三郎より洗礼を受ける
	七月三〇日	明治天皇崩御。大正天皇即位
大正元	一一月	美代子が誕生。東洋大学で茅原華山が「新唯心論」講演。隈畔と松本悟朗が参加。華山と会う
	一二月	西園寺内閣が総辞職。桂内閣発足
1913　大正二年	一月	大正政変起こる。憲政擁護大会開催。群衆が暴動
	二月一一日	桂内閣が崩壊
	三月	茅原華山が満州、朝鮮に視察。六月帰国
	七月	石田友治、野村隈畔、松本悟朗と華山が新雑誌創刊の協議を始める。実弟の豊吉が上京。二人で下谷区真島町一番地一号に同居。氷屋を開店

	一〇月一〇日	雑誌『第三帝国』を創刊。益進会（牛込区砂土原町三丁目八番地）を発行所とする
	一一月	忙殺のため弟と別居。編集室のある砂土原町に松本と同居。編集に当たる
1914　大正三年	三月一日	『第三帝国』発行も順調となり、牛込区払方町二二番地宮崎方に単身で転居
	五月三一日	初めての著作『ベルグソンと現代思潮』を大同館より発刊
	六月一二日	神経衰弱で加藤病院（京橋区木挽町六の一〇）に入院
	七月八日	退院。『第三帝国』同人退会。益進会退職
	七月二八日	第一次大戦勃発。八月二三日、日本がドイツに宣戦布告
	八月	巣鴨に転居
1915　大正四年	一月	『自我の研究』警醒社より発刊
	三月二五日	華山が衆院選挙で落選

	四月一日	第三帝国社、神田区表神保町一〇番地に移転。隈畔、郷里の福島に帰る
	四月三〇日	『春秋の哲人』六合雑誌社から発刊
	五月	福島市渡利に移住。県庁に勤務
	七月二四日	仙台歩兵第二九連隊で軍事教練。八月一三日まで三週間
	一一月一五日	第三帝国で華山派と石田派が分裂。一二月一二日、和解
1916　大正五年	一月	吉野作造が『中央公論』に論文「憲政の本義を説いて…」を発表。民本主義論を展開
	六月	上京し、タゴールの講演会（一一日）に参加
	七月二日	福島・白河の常瑞寺に参詣
	七月三日	仙台の歩兵連隊に軍事教練で参加
	秋	東京に一時、戻る。再上京の準備
1917　大正六年	一月	『自我を超えて』の序文を巣鴨の寓居にて執筆

	二月	親子三人で東京生活を始める。小石川区宮下町二一に煎餅屋「萩の家」を開店（三月）
	二月二五日	『自我を超えて』を警醒社より発刊
1918 大正七年	四月中旬	半田村のリュウマチの母を病気見舞い
	六月	『現代文化の哲学』を大同館より発刊
	七月三〇日	美代子を連れ、福島の万正寺温泉、高湯温泉に旅行。
		八月二日に簡閲点呼。四日から九日まで高湯。半田村の実家に滞在し一二日帰京
	八月	米騒動勃発
	一一月一一日	第一次大戦が終結
1919 大正八年	四月一四日	『自我批判の哲学』大同館書店より発刊
	八月	京都帝国大学に学位論文提出。九月、「不合格」の通知
	八月九日	東京発。再び美代子と共に福島へ。高湯温泉に行く。二一日帰京

八月二三日	簡閲点呼に参加
一二月一一日	信州・飯田で哲学講演会。テーマ「文化主義の意義及び批評」

1920　大正九年

一月一四日	筆禍事件が勃発。クロポトキン論文掲載の『経済学研究』一月号が発売禁止。執筆者の森戸辰男が起訴。
	『青年改造』二月号が発売禁止。論文「支配より監理へ、制御より自治へ」執筆の帆足理一郎が筆禍。二月に起訴
一月二〇日	文化学会が言論抑圧反対の決議
二月	『内外時論』三月号が発売禁止。論文「権力の国より自由の国へ」執筆の野村隈畔が筆禍。四月五日、起訴状がくる
三月一八日	思想団体連盟が万世橋ミカド亭で会議。森戸、帆足、野村三名の支援と当局への抗議を決議
三月二〇日	『新文化への道』日本評論社より発刊

	四月五日	司法省より「出頭命令書」届く。隈畔が起訴
	四月二五日	『未知の國へ』を日本評論社より発刊
	五月二四日	隈畔が第一回公判。五月三一日に第二回公判、判決。控訴審に移る
	六月二三日	土浦、霞ケ浦、藍見崎、志土崎、銚子に旅
	九月七日	控訴第一審。九月一四日、第二審。禁錮刑確定
	九月二四日	市谷の東京監獄に入獄
	一一月二四日	出獄
	一二月	「獄中の哲学」執筆
1921　大正一〇年	一月	伊豆・修善寺温泉に旅
	二月	「牢獄生活」を『大観』に発表（二、三月号）
	五月	東洋大学で哲学講演。テーマ「自由と愛」
		「自由人の生活」を『新文学』に発表（五月号）
	六月一二日	『文化主義の研究』大同館書店より発刊
	六月一八日	小石川の自宅で服毒自殺未遂
	六月一九日	家を出て、船橋、勝浦に旅。二二日帰宅

七月六日	「嗚呼　哲人逝く」を『新文学』八月号に発表
七月一八日	哲学講演。神田女子音楽学校。二三日まで六日間。岡村梅子と運命的な出会い持つ
八月一〇日	哲学講演。名古屋中央食堂。一二日まで三日間
八月一五日	哲学講演。信州・飯田町小学校講堂。伊賀良村でも開催。一八日まで四日間。梅子と往復書簡
八月二一日	簡閲点呼で半田村へ
九月五日	『現代の哲学及哲学者』を京文社より発刊
九月二一日	小石川の自宅を出奔。犬吠埼へ向かう
九月二五日	市川館に移動。投宿
一〇月三日	梅子より最後の手紙。梅子と合流
一〇月一三日	一旦、東京へ。実業之日本社の『大観』編集者・稲田譲と会う。原稿「永劫の彼岸」を渡す。その後、市川へ戻る
一〇月一九日	この日の日誌に「今日で終わりを告げる」と記し、その後、消息を絶つ

	一〇月二一日	「I川のほとり」「I川行きの日誌」が稲田に届く
	一〇月二九日	入水（享年三八歳）。岡村梅子（享年二四歳）
	一一月五日	千葉県津田沼町鷺沼海岸にて二人の遺体発見
	一一月九日	告別式。後日、郷里の半田村で葬儀
	一一月一六日	追悼会。石田友治、小川未明、一條忠衛、内ヶ崎作三郎、稲田譲等が参集
	一二月	稲田が追悼文「哲人の情死と最後の記録」を『大観』一二月号に発表
1922 大正一一年	二月二八日	『自由を求めて』京文社より発刊（死後出版）
		『自我の研究』京文社より発刊（再販）
	九月一〇日	『孤独の行者』京文社より発刊（「未知の國へ」「書簡集」所収）
		『文化の問題』京文社より発刊

隈畔の系譜略図

野村家と河原家の相関

〈野村甚右衛門〉 天文2 1533 室町時代 （初期・半田銀山発掘）

初代・野村勘右衛門 元禄12 1699没 江戸時代

〈「半田銀山山師年表」〉

北半田村・勘右衛門（正徳2 1712）

同・甚右衛門（元文2 1737）

二代・野村甚右衛門 寛延3 1750没

三代・野村勘次 安永5 1776没

四代・野村勘助 文化11 1814没

五代・野村伊助 天保6 1835没

六代・野村利助 安政3 1856没

七代・野村豊助 明治34 1901没

ミツ

〈「野村氏系譜」 1990・5記〉

野村勘右衛門宗親 （半田銀山奉行）

（享保8 1723 有力鉱脈発見）

代々・徳四郎襲名（4代）

栄悟—徳四郎—寛司—柳次—栄太郎—隆壽

野村家

八代 倉吉 長男

シケ

ミノ 次女

徳三郎 四男

トヨ 三女

母枯 五男

勘次 次男（河原家に婿入り）→ 七代 勘次

フク 次女

長女 — 武田家

ミノ

河原家

初代・伊藤次 安永8没

二代・伊藤次 文政4没

三代・伊藤次 天保14没

四代・伊藤次 嘉永6没

五代・伊藤次 明治4没

六代・伊藤次 明治33没

河原浅次郎

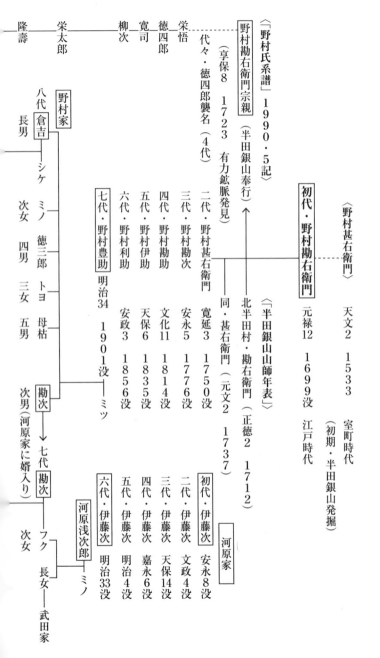

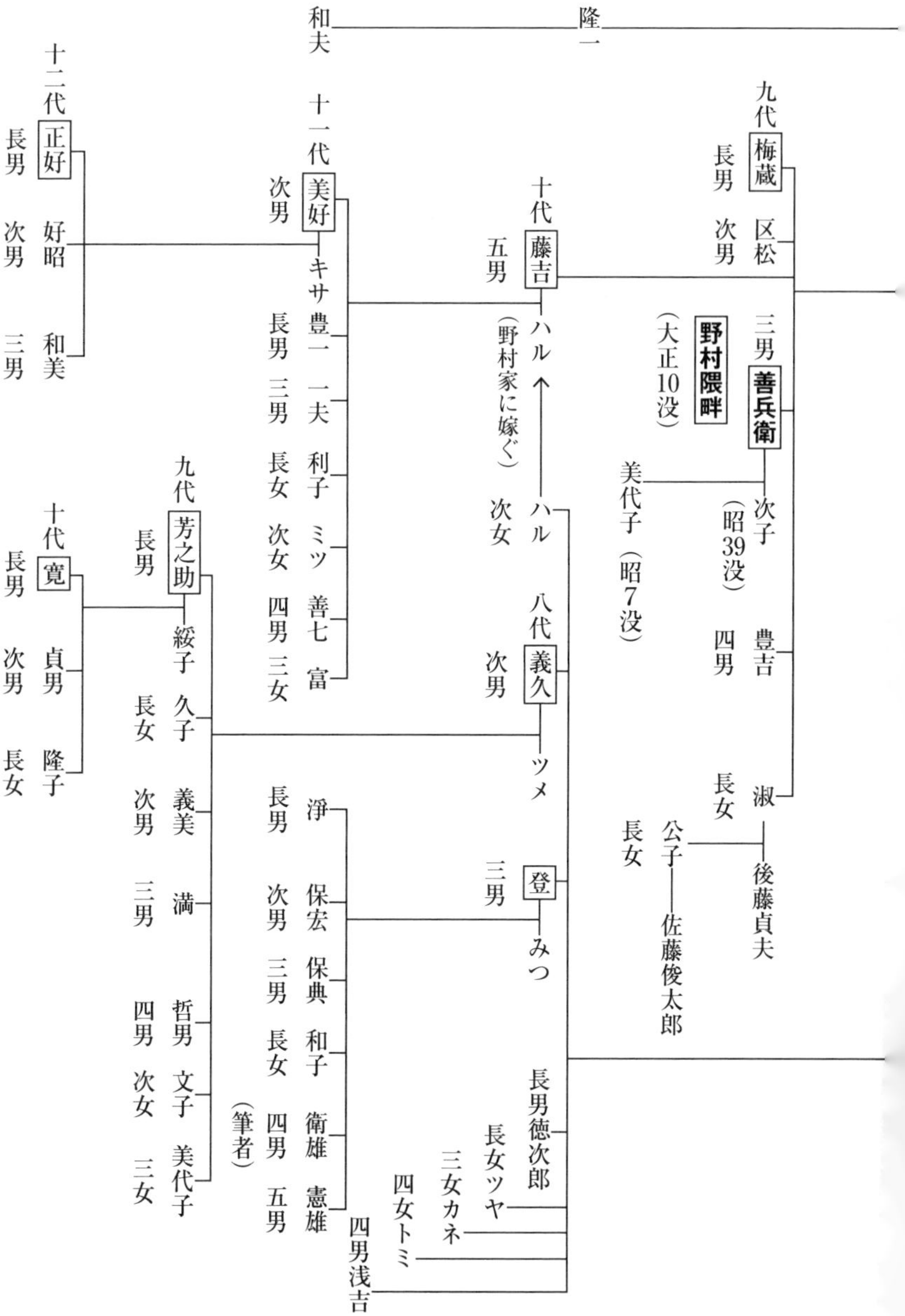

隆一
和夫
九代 梅蔵 長男
区松 次男
三男 善兵衛
野村隈畔
(大正10没)
次子 (昭39没)
美代子 (昭7没)
豊吉 四男
淑 長女
後藤貞夫
公子 長女
佐藤俊太郎
十代 藤吉 五男
ハル (野村家に嫁ぐ)
ハル 次女
八代 義久 次男
ツメ
登 三男
みつ
長男徳次郎
長女ツヤ
三女カネ
四女トミ
四男浅吉
十一代 美好 次男
キサ
豊一 長男
一夫 三男
利子 長女
ミツ 次女
善七 四男
富 三女
浄 長男
保宏 次男
保典 三男
和子 長女
衛雄 四男 (筆者)
憲雄 五男
十二代 正好 長男
好昭 次男
和美 三男
九代 芳之助 長男
綏子
久子 長女
義美 次男
満 三男
哲男 四男
文子 次女
美代子 三女
十代 寛 長男
貞男 次男
隆子 長女

主な参考文献

○野村隈畔の執筆集

［著作］

『ベルグソンと現代思潮』（大正三年五月、大同館）

『自我の研究』（大正四年一月、警醒社）（同一一年再販、京文社）

『春秋の哲人』（大正四年四月、六合雑誌社）

『自我を超えて』（大正六年二月、警醒社書店）

『現代文化の哲学』（大正七年六月、大同館書店）

『自我批判の哲学』（大正八年四月、大同館書店）

『新文化への道』（大正九年三月、日本評論社）

『未知の國へ』（大正九年四月、日本評論社）

『文化主義の研究』（大正一〇年六月、大同館書店）

『現代の哲学及哲学者』（大正一〇年九月、京文社）

『自由を求めて』（大正一一年二月、京文社）

『孤独の行者』（大正一一年九月、京文社）

『文化の問題』（大正一一年、京文社）

［論文］

［六合雑誌］

「社会的同情心」（明治四四年八月）
「吾人は深刻なる自覚を欲す」（明治四五年二月）
「否定より肯定へ」（同四月）
「自覚と労作的精神」（同六月）
「至誠と崇拝」（同七月）
「ベルグソンとニィチェ」上（大正元年九月）
「ベルグソンとニィチェ」下（同一〇月）
「ストア哲学の自殺観」（同一一月）
時評「死学者と思想家」（同一一月）
「メェテルリンクの運命観」（大正二年一月）
時評「大正元年の最大文字」（同一月）
時評「現世と来世」（同二月）
「最近の哲学と個性問題」（同四月）
時評「主義乎死乎」（同四月）
「直覚と理性」上（同五月）
「直覚と理性」下（同六月）
「超人道徳論」（同七月）
「使命」（同八月）
「流転思想と東洋哲学」（同一〇月）

「九月十日の記」（同一〇月）
「新生命覚醒の機」（同一一月）
「創造の世界・上」（大正三年一月）
「創造の世界・個性論」（同二月）
「創造の世界・意義及び価値論」（同三月）
「カントよりベルグソンへ」（同五月）
「考えざるを得ざるの悲哀」（同九月）
「剣か貢蘭か」（同一〇月）
「新人間芸術論」（大正四年二月）
「形而上的要求とUpanishad」（同五月）
「自我の問題に就いて」（同七月）
「郷里に帰へりて」（同八月）
「思惟の生産的流動性」（同九月）
「時代感想」（同一〇月）
「自分の問題と感想」（同一二月）
「ベルグソン哲学の迷妄」（大正五年一月）
現代思潮「現代の思想家の何人に共鳴する？」（同一月）
「自我道徳の根本義」（同三月）
「生活のアンチノミー――規範と法則に就いて」（同五月）

「絶対現実の世界と宗教」（同七月）
「直観知より信仰へ―哲学より宗教へ」（同九月）
現代思潮「八月の思想界」（同九月）
現代思潮「九月の思想界」（同一〇月）
「自我より絶対へ」（同一一月）
現代思潮「一〇月の思想界―生活意志と規範」「宗教認識論」（同一一月）
現代思潮「一一月の思想界」（同一二月）
「新宗教に対する要求」（大正六年一月）
「大正五年の思想界大観」（同一月）
「一月の思想界」（同二月）
現代思潮「宗教認識論に就いて―帆足君に答ふ」（同三月）
「生活に於ける科学的真理の価値と限界」（同四月）
「三月の思想界」（同四月）
「自由の憧憬と其の哲学」（同五月）
「五月の思想界」（同六月）
「精神的暗黒時代」（同七月）
「六月の思想界に於ける二、三の印象」（同七月）
「八月の思想界―感想と印象」（同九月）
「体験生活の提唱と新宗教・上」（同一〇月）

「九月の思想界」（同一〇月）
「体験生活の提唱と新宗教・下」（同一一月）
「生命問題の進化」（大正七年一月）
「大正六年度思潮概観」（同一月）
「現代文化批判の態度に就いて」（同三月）
「『我が環境』に対する感想」（同三月）
「孤独の行者」（同五月）
「不可思議な夢」（同六月）
「文化哲学の意義に就いて」（同七月）
「宗教五不在五不有論」（同八月）
「美代子の温泉旅行」（同九月）
「真理は永遠の勝利者」（同一二月）
「宇宙的自己の意義」（大正八年一月）
「自我の内面的発展一」（同二月）
「自我の内面的発展二」（同三月）
「個人主義及び民本主義の文化的意義」（同四月）
［**第三帝国**］
「第三帝国に参加するに就いて」（大正二年一〇月）
思潮評論「現代思想の焼点＝自我」「泰西思潮―学生の懐疑と宗教」「創造か発見か？」（以上、

同一〇月）
「真理の具体化、個性化」「新理想主義と実生活」（以上、同一一月）
「思潮評論―人生と無理想」「父は自然主義、子は理想主義」「活問活答」（以上、同一二月）
「活問活答―古き孔子と新しき宰我との問答」（大正三年一月）
「人生の白煙黒煙」（同二月）
「ベルグソンとプラグマチズム」（同三月）
「ベルグソンとオイケンの哲学―流動生活と精神生活・上下」「四月・思潮評論」（以上、同四月）
「行詰まりか沈黙か」「潜在帝国を思う」「五月思潮の感想」（以上、同五月）
「赤裸々の生活」「自我の処女性」「稲毛詛風君に応う」（以上、同六月）
「病院より」（同七月）
「精神我の覚醒」（同九月）
［**大観**］
「文化の芸術的発展と人類の方向」（大正九年七月）
「自由思想家の宗教観―宗教の本質と宗教革命」（同一〇月）
「牢獄生活・上」（大正一〇年二月）
「牢獄生活・下」（同三月）
「哲学通俗講演行脚―夏季哲学講演会に就いて」（同一〇月）
最後の記録「永劫の彼岸―『犬吠岬にて』『I川のほとり』」（同一二月）

稲田譲「哲人の情死と最後の記録」（同一二月）
［新文学］
「現在の生活、現代の社会に於いていかなる趣味、慰安を求めるか」（大正一〇年四月）
「自由人の生活」（同五月）
「噫　哲人逝く」（同七月）
［雄弁］
「新文化の創造と労働運動」（大正九年二月）
「文化主義に対する最後の疑問」（同四月）
［内外時論］
「権力の国より自由の国へ」（大正九年三月）
［科学と文芸］
「心霊の悩み」（大正五年九月、一〇月）
「民衆に煩悶を与えよ」（大正六年八月）
［大阪時事新聞］
「習慣性文化より創造性文化へ」（大正八年一二月）
［解放］
「超越主義の精神」（大正九年二月）
［作と評論］
「ベルグソンの純粋知覚説」（大正三年一一月）

○主要な参照資料

『時間と自由意志』ベルグソン　北昤吉訳　新潮社　大正一四年
『笑いの哲学』ベルグソン　広瀬哲士訳　東京堂　昭和二一年
『哲学入門・変化の知覚』ベルグソン　河野與一訳　岩波書店　昭和四〇年
『ベルクソンの哲学』池辺義教　第三文明社　昭和五一年
『意志と現識としての世界』ショペンハウエル　姉崎正治訳　博文館　明治四三年
『自殺について』ショウペンハウェル　斎藤信治訳　岩波書店　昭和六三年
『宗教哲学の本質及其根本問題』波多野精一　岩波書店　昭和二三年
『生命論』永井潜　洛陽堂　大正五年
『自我論』紀平正美　大同館書店　大正一二年
『哲理と人生』帆足理一郎　洛陽堂　大正一〇年
『生命論の哲学的基礎』永井博　岩波書店　昭和四八年
『哲学の話』松本悟朗　日本評論社　大正一一年
『西田幾多郎の生命哲学』檜垣立哉　講談社　平成二三年
『一哲学徒の苦難の道』古在由重・丸山眞男　岩波書店　平成一四年
『国民性及び時代思想』永井亨　岩波書店　大正一五年
『自然と人生』徳冨蘆花　岩波書店　昭和八年
『日本国民思想変遷史』石田文四郎　大貫春光社　昭和一四年
『概説　日本思想史』編集委員代表・佐藤弘夫　ミネルヴァ書房　平成一七年

『社会学』岸本能武太　大日本図書　明治三三年
『大正大事件史』石田文四郎　錦正社　昭和三〇年
『思想家人名辞典』神田豊穂　春秋社　昭和三年
『佛教各宗高僧實傳』博文館　明治二九年
『日本自殺情死紀』山名正太郎　大同館書店　昭和三年
『近世自殺者列傳』宮武外骨　半狂堂　昭和六年
『幻滅者の社会観』高畠素之　大鐙閣　大正一一年
『弁護士布施辰治旧蔵資料』中村正也、今井昌雄　明治大学図書館　平成一〇年
『近代日本名著解題』岡野他家夫　有明書房　昭和三七年
『『六合雑誌』の研究』同志社大学人文科学研究所　教文館　昭和五〇年
『資料　大正デモクラシー論争史』太田雅夫　新泉社　昭和四六年
『大正デモクラシー』松尾尊兊　岩波書店　昭和四九年
『大正デモクラシー』成田龍一　岩波書店　平成二七年
『民本主義の論客　茅原華山伝』茅原健　不二出版　平成一四年
『茅原華山と同時代人』茅原健　不二出版　昭和六〇年
『涙香外伝』伊藤秀雄　三一書房　平成七年
『雑誌『第三帝国』の思想運動』水谷悟　ぺりかん社　平成二七年
『大逆事件―死と生の群像』田中伸尚　岩波書店　平成三〇年
『証言　治安維持法―検挙者10万人の記録が明かす真実』ＮＨＫ「ＥＴＶ特集」取材班　ＮＨＫ

出版　平成三一年
『飾らず、偽らず、欺かず―管野須賀子と伊藤野枝』田中伸尚　岩波書店　平成二八年
『遠い声』瀬戸内晴美　新潮社　平成元年
『華の乱』永畑道子　文藝春秋社　平成四年
『江藤淳　文学集成』江藤淳　河出書房新社　昭和六〇年
『江藤淳は甦える』平山周吉　新潮社　平成三一年
『狼の義』林新・堀川惠子　KADOKAWA　平成三一年
『許されざる者』辻原登　集英社　平成二四年
『自叙伝　日本脱出記』大杉栄　岩波書店　平成二七年
『草枕』夏目漱石　新潮社　令和元年
『絶対の恋愛―若き恋人への手紙』倉田百三　創芸社　昭和二五年
『代表的日本人』内村鑑三　鈴木範久訳　岩波書店　平成三〇年
『宗教改革者―教養講座・日蓮とルター』佐藤優　KADOKAWA　令和二年
『奥州越列藩同盟―東日本政府樹立の夢』星亮一　中央公論社　平成七年
『幕末史』星亮一　三修社　平成一六年
『天皇〈125代〉の歴史』かみゆ歴史編集部　西東社　平成三一年
『神国日本』佐藤弘夫　筑摩書房　平成一八年
『石川啄木―その社会主義への道』碓田のぼる　かもがわ出版　平成一六年
『啄木の手紙を読む』池田功　新日本出版社　平成二八年

『団結すれば勝つ、と啄木はいう』碓田のぼる　影書房　平成三〇年
『評伝 牧口常三郎』創価教育の源流編纂委員会　第三文明社　平成二九年
『内村鑑三全集二七』岩波書店　昭和五八年
『芥川龍之介全集』第二十二巻　岩波書店　平成九年
『人間臨終図巻（上下）』山田風太郎　徳間書店　昭和六二年
『探書五十年』福田久賀男　不二出版　平成一一年
『半田銀山史』庄司吉之助　歴史春秋社　昭和五七年
『伊達郡半田銀山郷土誌』井上哲男　明治四一年
『半田銀山の歴史』佐藤次郎　桑折町文化記念館　平成七年
『桑折町史　第九巻資料編Ⅵ』桑折町史編纂委員会　平成六年
『桑折町の文化財　桑折歴史散歩』桑折町教育委員会　平成四年
『高湯温泉四百年史』高湯温泉観光協会　平成一九年
『桑折町誌』桑折町教育委員会　昭和四四年
『青年読本』西山安丸　伊達崎図書館　明治三五年

○論文資料

「大正期におけるベルグソン哲学の受容」「純粋持続の効用」宮山昌治
「ベルグソン哲学に於ける生命の本質としての意識」窪田徹
「明治大正の世相とことば」槌田満文

「『六合雑誌』における村井知至」辻野功
「自己実現概念の価値論的位置づけに関する一考察」佐々木秀和
「婦人界評論」与謝野晶子　『太陽』大正四年五月

現在、差別用語とされている表現が使われていますが、内容・時代背景を加味し、
そのままにしております

著者プロフィール

武川 和之（むかわ かずゆき）

1945年、福島県伊達市保原町生まれ。

1964年、福島県立高等学校卒業。

1968年、東北大学医学部薬学科（現薬学部）卒業。同大学院（生物薬品化学）中退。学部八起会所属、日本薬用植物友の会会員、思想家・野村隈畔研究会主筆。医に見る生死観、ライフサイエンス、生命尊厳の思想、日中友好、東日本大震災等に関する論説や随想、コラムの執筆・編集に従事。

モスクワ・ウィーン（1994年）、メキシコ・北米ロス（1997年）に親善交流。『人間医学への道』（共著）、『枇杷の実と花と—桃源の杜に残る刻印』、『いのちの旅遥か—百歳の青春』（編纂）等を著述。

仙台市在住。


永劫に飛ぶ！ 在野の天才哲学者 野村隈畔

2021年5月19日 初版第1刷発行

著　者　武川 和之
発行者　瓜谷 綱延
発行所　株式会社文芸社
〒160-0022 東京都新宿区新宿1－10－1
電話 03-5369-3060（代表）
03-5369-2299（販売）

印刷所　株式会社フクイン

ISBN978-4-286-22574-6